EROI CADUTI:

I Leader Africani i cui Assassinazioni Sconvolto il Continente e Beneficiato gli Interessi Stranieri

Janvier T. Chando

TISI BOOKS

NEW YORK, RALEIGH, LONDRA, AMSTERDAM

PUBBLICATO DA TISI BOOKS

Titoli di Saggistica di Janvier T.Chando

ICONE E CATTIVI: I Recenti Omicidi Politici che Hanno Trasformato…
CAMERUN: Il Sistema di Marionette Disfunzionali della Francia…
EROI CADUTI: I Leader Africani i cui Assassinazioni…
UCRAINA: Il Tiro Alla Fune Tra Russia e Occidente
CAMERUN: Il Cuore Infestato dell'Africa

Titoli di Finzione di Janvier Chando

L'Usurpatore: e Altre Storie
Agente Triplo, Doppia Croce
Discepoli della Fortuna
L'Unione Muzhik
Il Flash del Sole
La Chiamata della Fortuna
Il Maestro della Fortuna
I Figli della Fortuna
Lo Prima di Loro
La Leggenda di Fuoco e Ghiaccio
Le Nonne e l'Amore Perfetto
Le Sfumature del Fuoco
Il Fuoco della Fame
La Più Dolce Follia
Padre e Figli
Il Dottore
Tonalità Scure
Legami Fatidici
Il Verdetto dell'Ade
La Prova di sua Maestà
Follia di Ngoko
L'Usurpatore
La Dote
Sono odiato
L'Allocco

Prossimi Titoli di Janvier Chando

Il Falco Bianco
I Incostante di Casa
Gli Orsi di Norilsk
Gli Amici Mortali

EROI CADUTI: I Leader Africani i cui Assassinazioni Sconvolto il
Continente e Beneficiato gli Interessi Stranieri
© 2020 Janvier Chando

ISBN-13: 979-8-62-798893-1

ISBN-10: 8-62-798893-5

PUBBLICATO DA TISI BOOKS

www.tisibooks.com

NEW YORK, RALEIGH, LONDRA, AMSTERDAM

Stampato negli Stati Uniti d'America

Epigrafe

"Il destino è qualcosa che possiamo solo contemplare; ma il sorte, possiamo influenzare."
—*CHRISTOPHER NKWAYEP-CHANDO*

Dedizione

Il libro è dedicato a tutti i leader iconici e leggendari dell'Africa, il cui scopo era quello di servire il loro popolo e il mondo e promuovere il benessere dell'umanità, in particolare quelli che non potevano realizzare le loro missioni storiche perché furono uccisi dalle forze del male di questo mondo.

Riconoscimento

I miei ringraziamenti più profondi, più calorosi ed eterni al Dott. Samuel F. Tchwenko e Christopher N. Chando per avermi sfidato sulla strada del miglioramento dell'umanità.

EROI CADUTI:

I Leader Africani i cui Assassinazioni Sconvolto il Continente e Beneficiato gli Interessi Stranieri

CONTENUTO

Mappe

Mappa Politica dei Paesi Africani

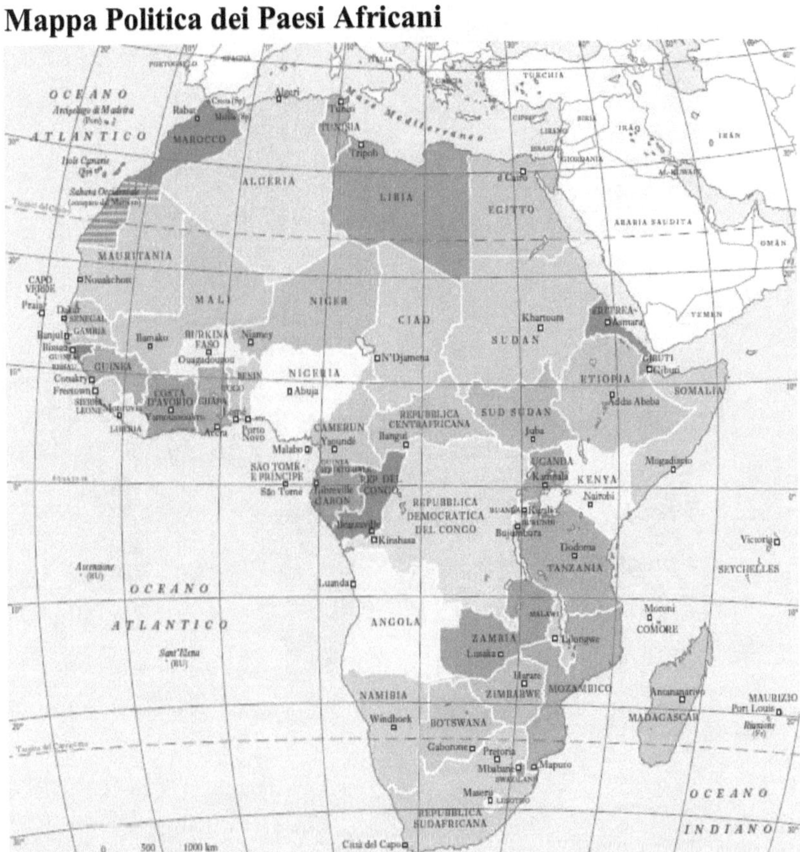

Mappa di Partizione dell'Africa: 1884-1914

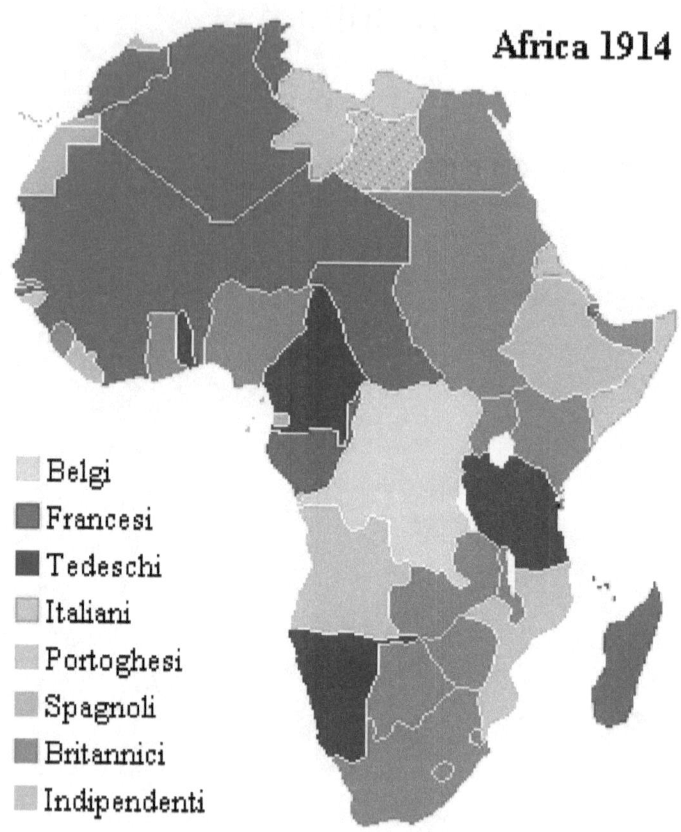

Mappa dell'Indipendenza dei Paesi Africani

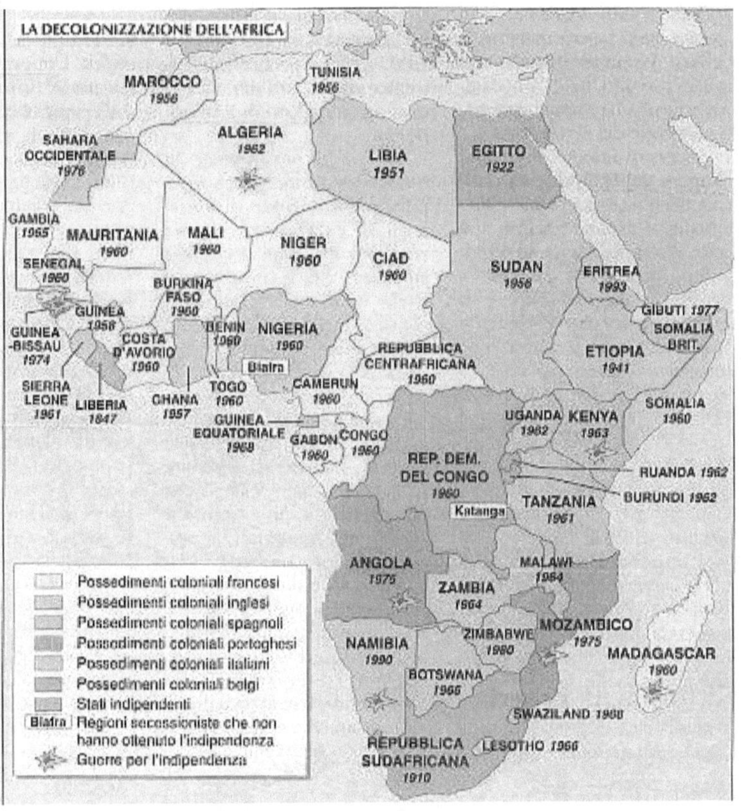

Valutazioni Sulla Democrazia dei Paesi Africani

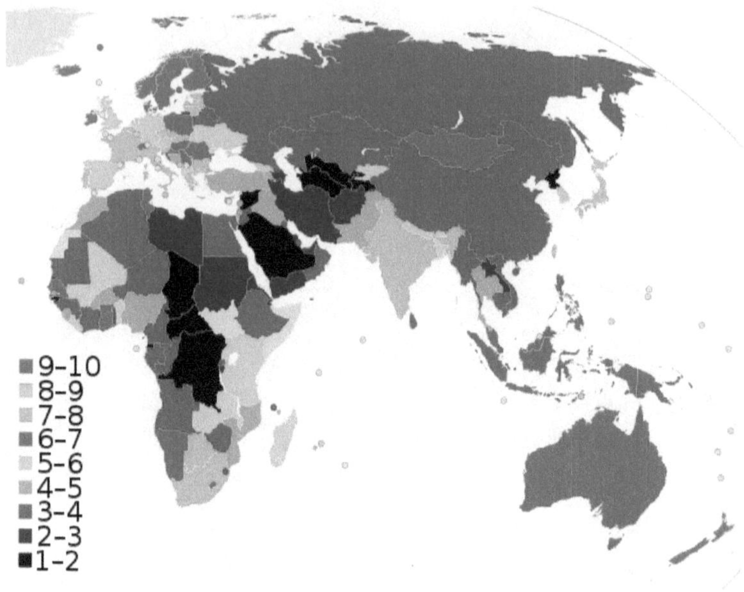

La Misura della Libertà dei Paesi del Mondo

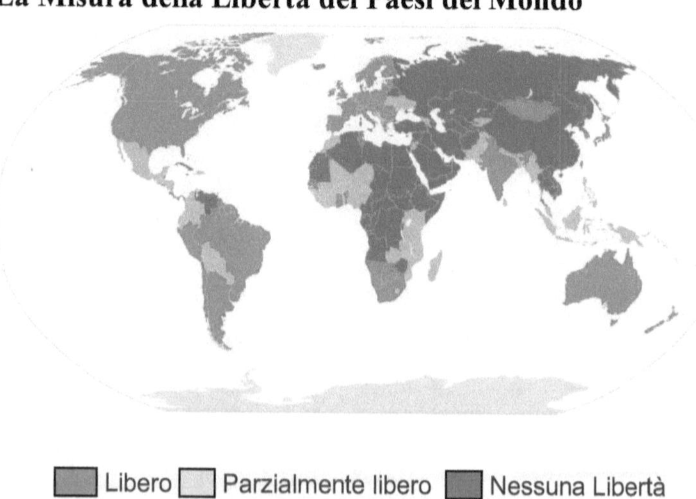

L'uso di omicidi politici contro leader chiave dei movimenti di liberazione ha avuto un impatto importante sul corso della storia in Africa e in Medio Oriente. Non solo alcuni dei più grandi leader del Terzo Mondo sono stati uccisi, ma anche la speranza di un cambiamento politico che hanno incarnato.

- Victoria Brittain

PROLEGOMENON

Nessun continente ha subito gli effetti orrendi della schiavitù quanto l'Africa; nessun continente fu rapito dal colonialismo così tanto come la terra che è la culla della civiltà; e nessun continente è stato sfruttato e viene sfruttato come il continente che è il secondo più grande del mondo e come il secondo più popoloso. Quando prendiamo in considerazione il fatto che il continente Africano ha più risorse degli altri; quando digeriamo la dura realtà che questa estensione della terra rimane meno sviluppata rispetto ad altre parti del mondo; e quando osserviamo che è ossessionato da un'incredibile disconnessione tra le élite al potere e le masse, ci troviamo quindi di fronte a molte domande inevitabili come:

- Perché l'Africa è in uno stato così patetico?
- Il continente non è in grado di trovare leader che possano liberarlo dall'impasse attuale e dal consenso futile, per poi spostarlo in un futuro che farebbe avanzare il benessere del popolo Africano?
- I Pan-Africanisti (gli Africani che si dedicano disinteressatamente al benessere e allo sviluppo della terra e della sua gente)sono in grado di scrollarsi di dosso i suoi pochi dittatori indigeni e le forze che controllano i burattini Africani— leadership politiche e istituzioni politiche installate da potenze e interessi stranieri — e poi realizzare la

tanto attesa realtà di una "Nuova Africa" che è economicamente unita, politicamente integrata e che controlla la sua sovranità?

Il primo paragrafo in un certo senso risponde alla prima domanda. Le risposte alla seconda e alla terza domanda sono affermative a causa delle ovvie ragioni. I leader Pan-Africani dominarono la storia dell'Africa negli anni '50 e '60 e molti di loro furono uccisi dalle potenze coloniali ed ex coloniali o dai loro agenti. In effetti, sei leader dell'indipendenza Africana furono assassinati dai loro ex sovrani coloniali tra il 1961 e il 1973.

Se non fosse che è purtroppo vero, l'elenco dei capi uccisi dei movimenti di indipendenza Africani e le storie dietro le loro morti o assassini farebbero un bestseller di spionaggio.

Il primo grande test per uccidere il leader di un movimento per l'indipendenza Africana iniziò in Camerun in seguito al ritorno al potere del generale Charles De Gaulle in Francia nel Giugno 1958. Parliamo qui dell'assassinio di Ruben Um Nyobe, il 13 Settembre 1958.Era il capo della popolare "Unione delle Popolazioni del Camerun" (UPC — *Union des Populations du Cameroun*) che cercava la riunificazione e l'indipendenza del Camerun Francese e del Camerun Britannico (territori dell'ex Kamerun Tedesco che furono divisi tra Francia e Gran Bretagna in seguito alla sconfitta della Germania nel Primo Guerra Mondiale).

Il Camerun ha subito un altro omicidio traumatico due anni dopo il terribile omicidio politico di Um Nyobe.

Questo è stato l'assassinio del successore di Ruben Um Nyobe e del secondo leader dell'UPC, Dr. Felix Moumie. Morì il 3 Novembre 1960, a Ginevra, in Svizzera, per avvelenamento da tallio che l'agente segreto Francese William Bechtel gli somministrò durante la cena in un ristorante della città svizzera. Il Francese si era guadagnato la fiducia del Camerun presentandosi come giornalista.

Poi ci sarebbe stato Patrice Lumumba, il primo ministro del Congo recentemente indipendente — lo violentata crudelmente ex Congo Belga che dal 1885-1908 era conosciuto come "Lo stato libero del Congo" — essenzialmente il possesso privato del re Belga Leopoldo II dove più della metà della popolazione è deceduta per gli effetti dello sfruttamento delle risorse del territorio. La morte di Lumumba che ha coinvolto quattro principali paesi occidentali e i loro agenti in Congo è la principale causa della malattia cronica di quel paese, che come il Camerun, deve ancora riprendersi dal trauma che ha subito durante i primi anni della sua cosiddetta indipendenza.

Sylvanus Olympio, il leader del Togo sarebbe stato ucciso nel 1963, appena due anni dopo l'assassinio di Patrice Lumumba.

La morte di Sylvanus Olympio sarebbe stata seguita poco dopo da quella di Mehdi Ben Barka, il leader del movimento di opposizione Marocchino che è stato rapito in Francia nel 1965, non è mai stato rilasciato e il cui corpo non è stato trovato da allora.

Eduardo Mondlane, il leader del FRELIMO del Mozambico, che stava combattendo per l'indipendenza della colonia dal dominio Portoghese, sarebbe morto a causa di una bomba di pacchi nel 1969.

L'assassinio del 1973 di Amilcar Cabral, leader del Partito Africano per l'indipendenza della Guinea e Capo Verde, (Partido Africano da Indipendenza da Guiné e Cabo Verde o PAIGC), il movimento di liberazione dell'Africa occidentale contro il dominio coloniale Portoghese in Guinea Bissau e Cape Verde, avrebbe annunciato la transizione verso una nuova fase del neocolonialismo nel continente in cui i dittatori di marionette dominano e agiscono impunemente con un respingimento minimo o nullo del Pan-Africano, tranne nel caso di Guinea Bissau, Angola, Mozambico, Namibia e Sud Africa sotto Dominio coloniale Portoghese e rispettivamente dell'Apartheid Sud Africa.

L'Africa ha subito diversi altri omicidi negli ultimi sei decenni. Tuttavia, quelli sotto sono stati i più riverberanti, con conseguenze non intenzionali in quanto l'eredità di questi eroi Africani abbattuti si espandono ogni giorno per diventare la base per la rinascita del Pan-Africanismo, l'ideale attorno al quale l'unione economica e l'integrazione politica dell'Africa sarebbero essere realizzato.

Capitolo Primo

Patrice Lumumba

La Siria è abbastanza brutta, è un'atrocità piuttosto terribile. Ma ce ne sono di molto peggiori al mondo. Ad esempio, le peggiori atrocità degli ultimi dieci anni sono state in Congo, nel Congo orientale, dove forse 5 milioni di persone sono state uccise.

Noam Chomsky — 8 Ottobre 2013

Citazioni di Patrice Lumumba

"Ai colonialisti non importa nulla dell'Africa per il suo bene. Sono attratti dalle ricchezze Africane e le loro azioni sono guidate dal desiderio di preservare i loro interessi in Africa contro i desideri del popolo Africano. Per i colonialisti tutti i mezzi sono buoni se li aiutano a possedere queste ricchezze."

"Verrà il giorno in cui la storia parlerà. Ma non sarà la storia che verrà insegnata a Bruxelles, Parigi, Washington o alle Nazioni unite ... L'Africa scriverà la sua storia e sia nel nord che nel sud, sarà una storia di gloria e dignità."

"L'indipendenza politica non ha significato se non è accompagnata da un rapido sviluppo economico e sociale."

"Senza dignità, non c'è libertà, senza giustizia, non c'è dignità e senza indipendenza, non ci sono uomini liberi."

"Un minimo di conforto è necessario per la pratica della

virtù."

"L'unica cosa che desideravamo per il nostro Paese è il diritto a una vita degna, alla dignità senza pretese, all'indipendenza senza restrizioni. Questo non è mai stato il desiderio dei colonialisti Belgi e dei loro alleati occidentali..."

"Queste divisioni, che le potenze coloniali hanno sempre sfruttato meglio per dominarci, hanno svolto un ruolo importante - e continuano a svolgere quel ruolo - nel suicidio dell'Africa."

"Sappiamo che l'Africa non è né Francese, né Britannica, né Americana, né russa, che è Africana. Conosciamo gli oggetti dell'Occidente. Ieri ci hanno divisi a livello di tribù, clan e villaggio ... Vogliono creare blocchi antagonistici, satelliti ..."

"Nessuno è perfetto in questo mondo imperfetto."

"L'unità e la solidarietà Africane non sono più sogni. Devono essere espressi in decisioni."

"La liberazione delle menti del popolo Africano sarà una battaglia più dura dell'eradicazione dei regimi coloniali dei coloni."

Congo su una Mappa del Mondo

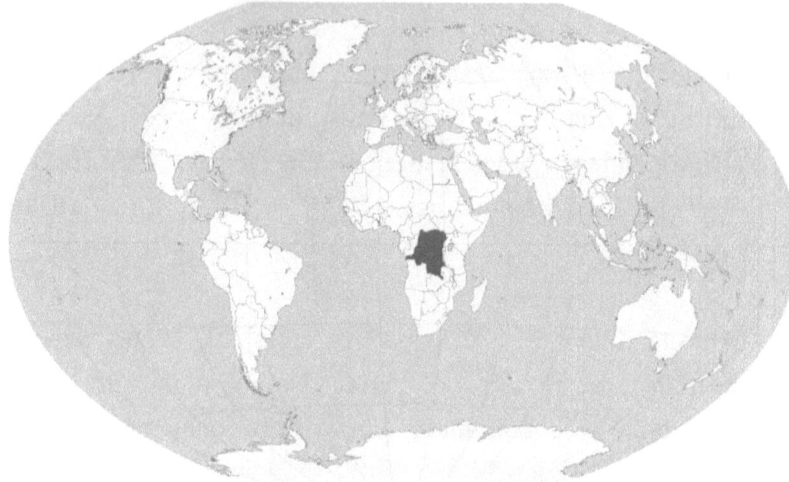

Mappa Amministrativa del Congo (1960)

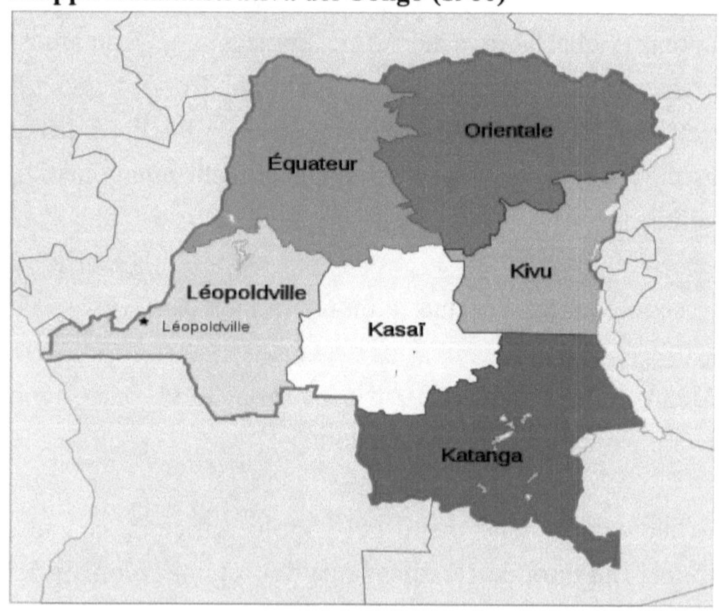

Mappa Politica dei Paesi Africani

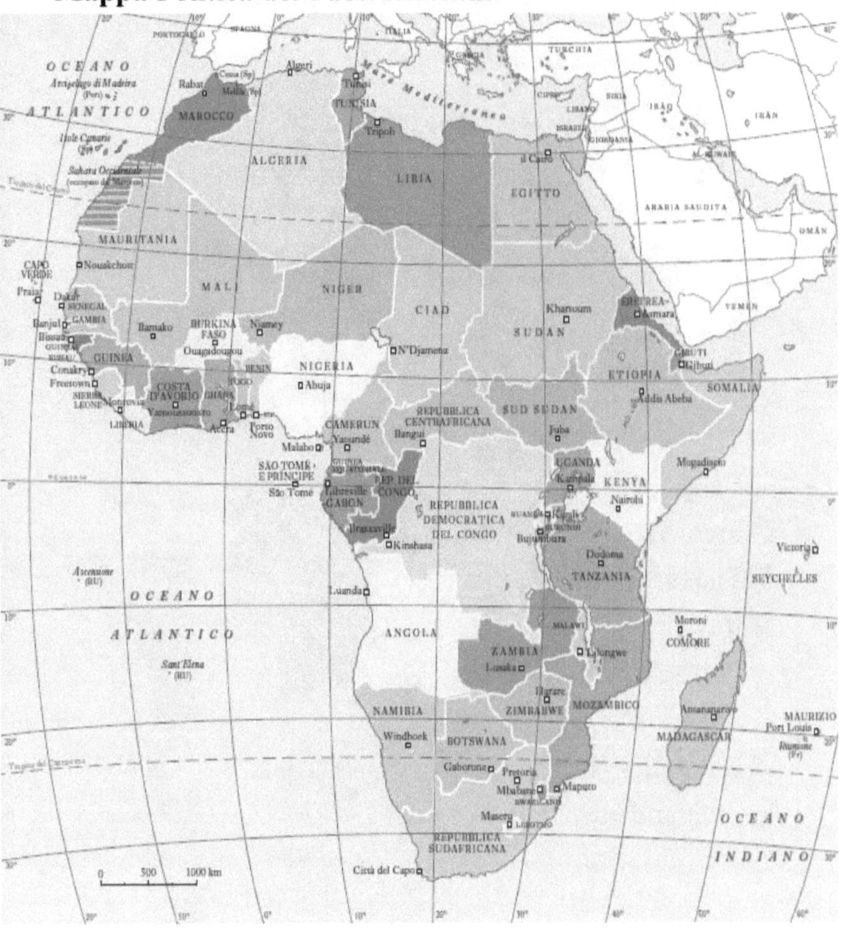

Mappa di Partizione dell'Africa: 1884-1914

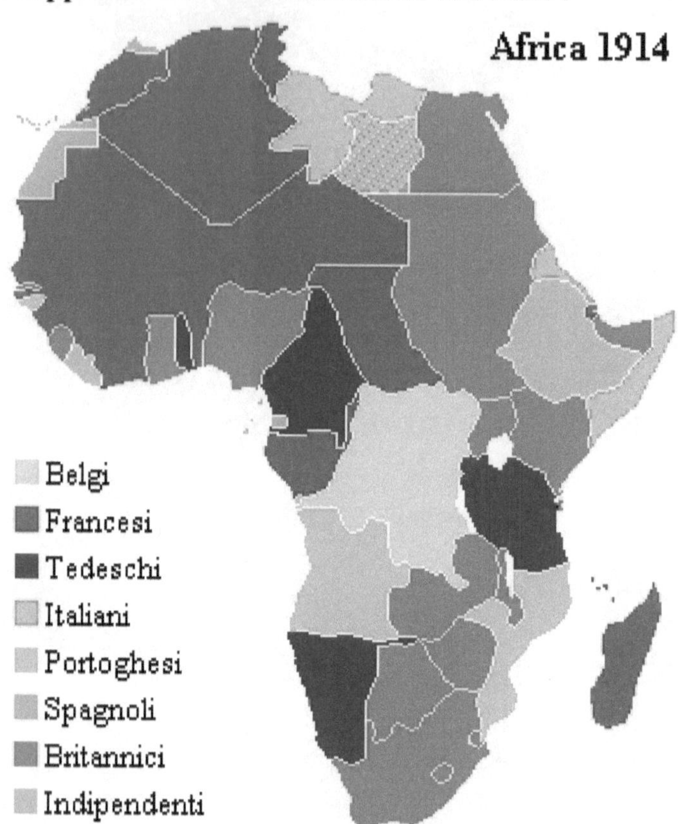

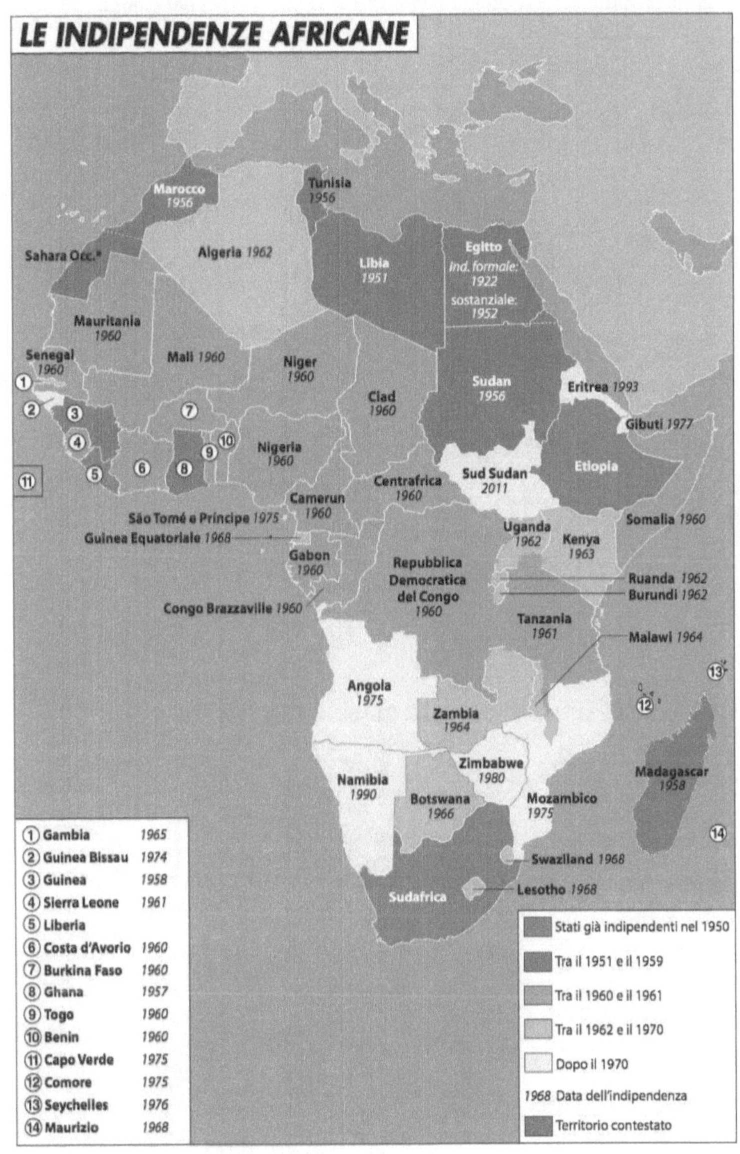

LE INDIPENDENZE AFRICANE
Marocco 1956
Tunisia 1956
Sahara Occ."
Algeria 1962
Libia 1951
Egitto
ind. formale: 1922
sostanziale: 1952
Mauritania 1960
Senegal 1960
Mali 1960
Niger 1960
Ciad 1960
Sudan 1956
Eritrea 1993
Gibuti 1977
Nigeria 1960
Centrafrica 1960
Sud Sudan 2011
Etiopia
São Tomé e Príncipe 1975
Camerun 1960
Guinea Equatoriale 1968
Uganda 1962
Kenya 1963
Somalia 1960
Gabon 1960
Repubblica Democratica del Congo 1960
Ruanda 1962
Burundi 1962
Congo Brazzaville 1960
Tanzania 1961
Malawi 1964
Angola 1975
Zambia 1964
Namibia 1990
Zimbabwe 1980
Botswana 1966
Mozambico 1975
Madagascar 1958
Swaziland 1968
Lesotho 1968
Sudafrica
① Gambia 1965
② Guinea Bissau 1974
③ Guinea 1958
④ Sierra Leone 1961
⑤ Liberia
⑥ Costa d'Avorio 1960
⑦ Burkina Faso 1960
⑧ Ghana 1957
⑨ Togo 1960
⑩ Benin 1960
⑪ Capo Verde 1975
⑫ Comore 1975
⑬ Seychelles 1976
⑭ Maurizio 1968
Stati già indipendenti nel 1950
Tra il 1951 e il 1959
Tra il 1960 e il 1961
Tra il 1962 e il 1970
Dopo il 1970
1968 Data dell'indipendenza
Territorio contestato

Mappa Amministrativa della Repubblica Democratica del Congo (2019)

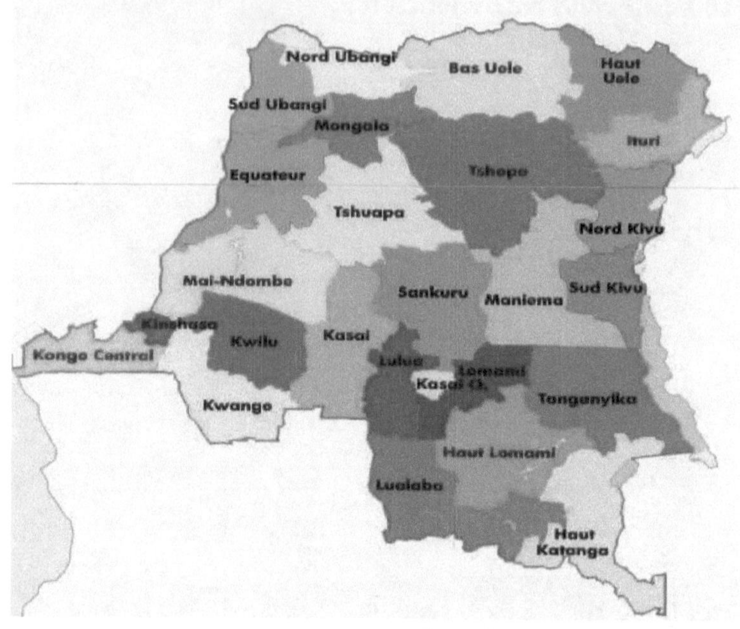

Le Risorse Naturali della Regione CentrAfricana

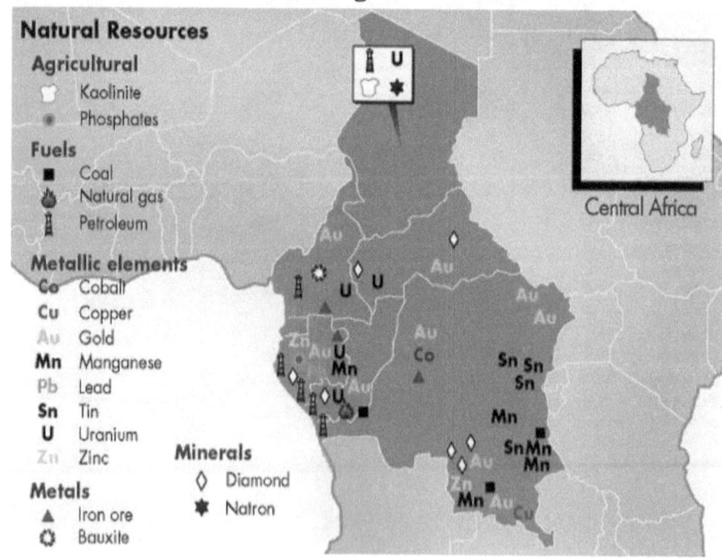

Patrice Lumumba poco prima della sua morte

L'assassinio del 17 Gennaio 1961 di Patrice Lumumba, il primo primo ministro eletto democraticamente di quella che oggi è la Repubblica Democratica del Congo (RDC), è considerato da molti Africani "l'assassinio più importante del 20 ° secolo" perché non solo ha distrutto il paese, ma ha anche polarizzato e paralizzato l'Africa, provocando una disunione da cui il continente deve ancora riprendersi. Questo crimine atroce è stato il culmine di due trame di omicidio interconnesse da parte di elementi all'interno dei governi Americano e Belga che hanno fatto uso di complici Congolesi e una squadra di esecuzione Belga per realizzare l'uccisione del leader di questa nazione nascente nel cuore dell'Africa che ha appena ottenuto l'indipendenza dal Belgio il 30 Giugno 1960.

Gli storici, i sociologi e gli esperti geopolitici concordano tutti sul fatto che il Congo è il paese più traumatizzato in Africa e nel mondo, e quello di tutte le atrocità che il Congo ha vissuto nella sua storia violenta, l'assassinio di Patrice Lumumba è stato il singolo atto più crudele. In realtà, è giustamente visto come il peccato originale del paese.

L'assassinio è avvenuto meno di sette mesi dopo l'indipendenza di questo territorio che occupava il 7. 7% della massa terrestre dell'Africa. L'atto si è trasformato in un ostacolo alle speranze di attuare gli alti ideali dell'unità nazionale Congolese, la prosperità materiale, la democrazia, l'indipendenza economica, la libertà e la solidarietà Pan-Africana che Lumumba aveva sostenuto. Ciò che non può essere trascurato in particolare è il fatto che il suo assassinio sia stato un duro colpo per le speranze, i sogni e le aspirazioni di milioni di Congolesi e ha disilluso un numero ancora maggiore di Africani in tutto il continente.

Il fatto che una delle più grandi università dell'Unione Sovietica — Università di Amicizia popolare Russa — che fu fondata il 05 Febbraio 1960 fu ribattezzata "Università Patrice Lumumba" il 22 Febbraio 1961 e il fatto che questa istituzione di istruzione superiore ha continuato a educare vicino a centomila stranieri, molti dei quali Africani, mette in evidenza il significato storico della morte del giovane Africano in Africa e nel resto del mondo durante la guerra fredda.

A quanto pare, l'importanza storica dell'assassinio risiede in una moltitudine di fattori, di cui i più rilevanti all'epoca erano basati su:

- il contesto globale in cui ebbe luogo (il presidente Eisenhower autorizzò l'assassinio e la CIA effettuò il suo rapimento e trasferimento; le Nazioni unite, il suo segretario generale Dag Hammarskjöld, l'Unione Sovietica e l'M16 Britannico furono coinvolti nella tragedia; e i Belgi hanno diretto il suo omicidio e quelli dei suoi due soci prima di liberarsi successivamente dei corpi scavandoli e sciogliendoli in acido solforico, quindi macinando e disperdendo le ossa)
- il suo impatto sulla politica Congolese da allora
- e l'eredità complessiva di Lumumba come leader nazionalista civico e icona Pan-Africana. Dopotutto, stava lavorando con Félix Moumié, il leader del movimento di liberazione del Camerun che il Servizio segreto Francese (SDECE) ha avvelenato a Ginevra, in Svizzera, il 3 Novembre 1960.

****

Una domanda che è stata prevalente nella sfera geopolitica è questa:

Perché USA, Gran Bretagna, Francia e Belgio sono stati coinvolti nell'assassinio del primo leader eletto democraticamente in Congo?

Tutto ebbe inizio nell' Aprile del 1884, sette mesi prima del Congresso di Berlino, quando gli Stati Uniti d'America divennero il primo paese al mondo a riconoscere le rivendicazioni del Re Belga Leopoldo II nei territori del bacino del Congo. Questi territori sono diventati noti come lo stato libero del Congo. Il Re Leopoldo II lo governò come sua proprietà privata, facendo uso di un piccolo gruppo di amministratori bianchi che furono attratti da tutta Europa.

Mappa di Partizione dell'Africa

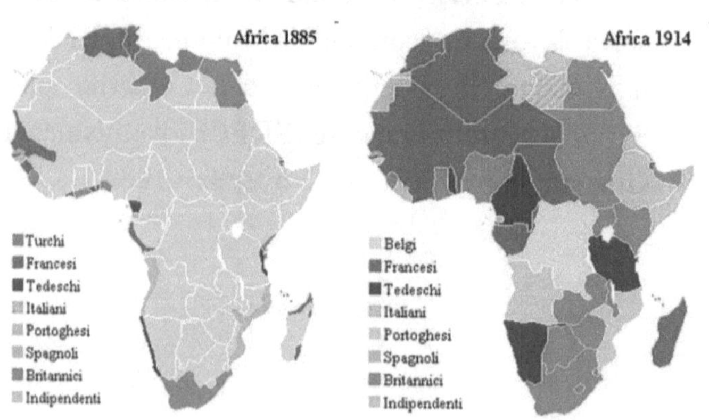

Lo stato libero del Congo rese il Re Leopoldo II uno dei monarchi più ricchi del mondo, un risultato fuori misura, dato che era il Re del Belgio, che era un paese così piccolo vicino a potenti entità geopolitiche come gli inglesi, i tedeschi, Russi e Austro-Ungarici Imperi. Ma la ricchezza del Re Belga è stata accumulata a un costo enorme per la popolazione Africana nativa poiché il popolo è stato costretto a fornire lavoro non retribuito che non era diverso dalla schiavitù, nello sfruttamento delle risorse minerarie, forestali e agricole della terra per il monarca Belga. Tuttavia, quando le atrocità legate allo sfruttamento economico brutale nello Stato libero del Congo del Re Leopold causarono milioni di vittime, gli Stati Uniti d'America si unirono ad altre potenze mondiali e costrinsero lo stato Belga a prendere lo stato libero del Congo come una colonia regolare e fermarsi le uccisioni e le mutilazioni della popolazione Congolese nativa, un genocidio in sé.

Fu solo dopo che il Congo si trasformò in una colonia regolare che gli Stati Uniti d'America acquisirono una partecipazione strategica nell'enorme ricchezza naturale del territorio. In effetti, gli Stati Uniti hanno usato l'uranio proveniente dalle miniere Congolesi per fabbricare le prime armi atomiche utilizzate nelle città giapponesi di Hiroshima e Nagasaki, portando a una brusca fine della Seconda Guerra Mondiale nel Pacifico.

L'importanza strategica del Congo, in particolare ricco di risorse, e dell'Africa in generale ricca di risorse, soprattutto nell'aiutare gli alleati a vincere la Seconda Guerra Mondiale, divenne in seguito una maledizione quando il continente cercò l'indipendenza dai suoi padroni coloniali. Fu in quel momento che la guerra fredda dominava la geopolitica. L'America e i suoi alleati occidentali decisero di dare l'indipendenza alle colonie, ma non il tipo di indipendenza che il resto del mondo conosceva. Le potenze occidentali non erano disposte a lasciare che il popolo delle colonie Africane avesse un controllo effettivo sulle materie prime strategiche nei loro territori, per paura che questi beni potessero cadere nelle mani dei paesi del campo Sovietico o comunista. Questo è il motivo per cui gli interessi occidentali percepito una minaccia nella decisione di Patrice Lumumba di ottenere una vera indipendenza per il Congo e di ottenere il pieno controllo delle risorse del paese da utilizzare nello sviluppo della nazione nascente e nel miglioramento delle condizioni di vita del popolo Congolese.

Le Risorse Naturali della Regione CentrAfricana

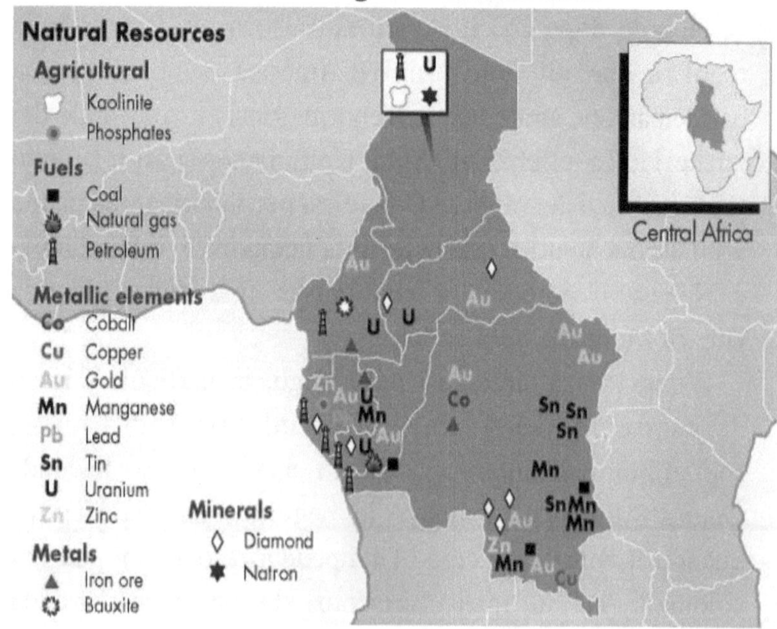

Per fermare Patrice Lumumba, gli Stati Uniti e il Belgio non hanno lasciato nulla di intentato, incluso l'uso del Segretariato delle Nazioni unite sotto Dag Hammarskjöld e Ralph Bunche, l'acquisto del sostegno dei rivali Congolesi di Lumumba, il silenzio di alcuni leader Africani che avevano è stato favorevole a Lumumba e all'obiettivo Pan-Africano che ha condiviso, e all'acquisto dei servizi di assassini a noleggio (mercenari) per eliminare l'ostacolo al loro regolare controllo del Congo, un paese che intendevano essere nient'altro ma un quasi-indipendente dichiarare che è asservito ai leader occidentali, ai paesi occidentali e agli interessi occidentali.

****

Subito dopo aver concesso l'indipendenza al Congo il 30 Giugno 1960, il Belgio e i suoi alleati occidentali hanno minato la stabilità della nazione nascente incoraggiando una virulenta opposizione al governo di Lumumba, usando politici Congolesi appoggiati dall'occidente. In effetti, nel Dicembre 1960, il Congo era effettivamente sotto quattro governi separati, tre dei quali erano sotto il pollice delle fazioni anti-Lumumba sostenute dalle potenze occidentali. Questi erano:

- il governo centrale nella capitale Congolese di Léopoldville (Kinshasa)

- un governo centrale rivale istituito dai seguaci di Lumumba a Stanleyville (Kisangani)
- un regime secessionista nella provincia ricca di minerali di Katanga sotto la guida di Moise Tshombe
- e un'altra amministrazione secessionista nella provincia del Kasai meridionale sotto la guida di Albert Kalonji.

La Crisi del Congo del 1960-1964

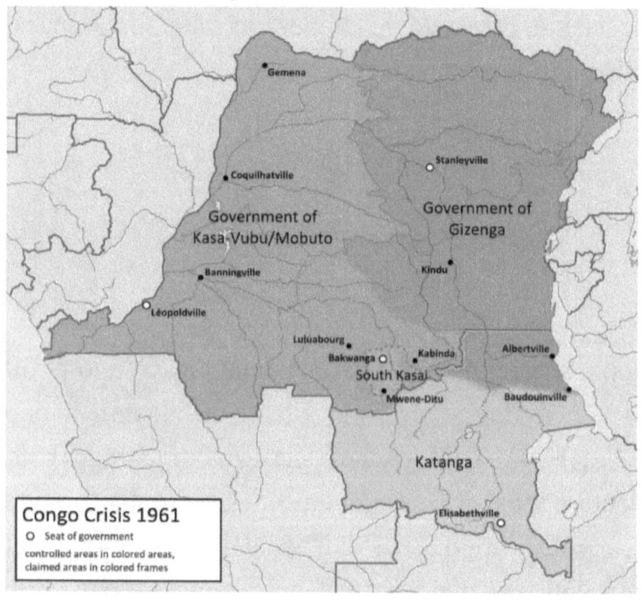

Con Lumumba liquidato un anno e mezzo dopo la concessione dell'indipendenza al Congo, con la rimozione di ciò che gli attori geopolitici occidentali percepivano come la principale minaccia ai loro interessi nel nuovo paese, Belgio, Gran Bretagna, Francia e Stati Uniti d'America guidarono gli sforzi internazionali diffondere l'autorità del regime moderato e filo-occidentale a Kinshasa sull'intero Congo. Era una strategia su due fronti che prevedeva l'uso del nuovo esercito Congolese creato dall'Occidente sotto il comando del regime di Mobutu Sese Seko sostenuto dall'occidente, e l'uso delle forze di pace delle Nazioni Unite. La strategia fu così efficace che la roccaforte dei Lumumbiste nell'est del paese, centrata attorno a Kisangani, cadde nell'Agosto del 1961. La regione del Kasai meridionale capitolò nel Settembre del 1962 e la secessione della regione del Katanga fu invertita nel Gennaio del 1963.

La Ribellione di Simba del 1964

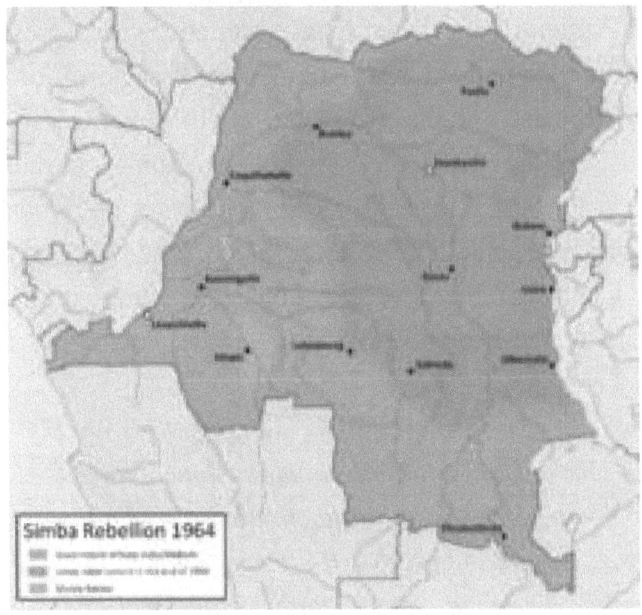

Dopo aver distrutto il Congo, da poco indipendente, al fine

di minare Lumumba, dopo aver assassinato Lumumba e aver installato un governo fantoccio e averlo nuovamente diretto unendo e stabilizzando il paese, le potenze occidentali furono sorprese quando sorse un movimento sociale radicale per una "seconda indipendenza", sfidando lo stato neocoloniale e la sua leadership filo-occidentale. Era un movimento di massa di lavoratori, impiegati statali, disoccupati urbani, contadini e studenti. Furono guidati dai luogotenenti di Lumumba, la maggior parte dei quali si era raggruppata nell'ex capitale Congolese Francese di Brazzaville, attraverso il fiume Congo dall'ex capitale Congolese Belga di Kinshasa. Nell'Ottobre 1963, questi lumumbisti istituirono un Consiglio nazionale di liberazione (CNL) con una missione per estromettere il regime di Mobutu e creare un Nuovo Congo. Furono presi sul serio fino al punto in cui l'Unione Sovietica fornì loro assistenza militare. Anche alcuni dei pochi governi Pan-Africanisti sopravvissuti nel continente hanno fornito supporto. Perfino Ernesto Che Guevara, l'icona rivoluzionaria Argentina e seconda al comando di Fidel Castro di Cuba, stabilì una base in Congo per aiutare questi lumumbisti e anti-neocolonialisti. In effetti, quando Che Guevara scrisse nel 1964 che:

"Dobbiamo andare avanti, lottando instancabilmente contro l'imperialismo. Da tutto il mondo, dobbiamo imparare lezioni che gli eventi offrono. L'omicidio di Lumumba dovrebbe essere una lezione per tutti noi...",

ha iniziato l'immortalizzazione di Patrice Lumumba dopo aver fallito nella sua spedizione in Congo per galvanizzare i lumumbisti contro il regime fantoccio occidentale di Mobutu Sese Seko che non solo impoverì il Congo durante la sua regola dei tre decenni e mezzo, ma divenne più ricco del paese che ha governato così male.

****

Oggi in tutti i continenti del mondo abbondano strade, parchi, piazze, aeroporti, statue e altre infrastrutture che portano il nome Lumumba in onore di un altruista, un uomo che ha abbracciato una forma più avanzata di nazionalismo civico chiamato nazionalismo unione, che si opponeva alla divisione del suo paese lungo linee etniche o regionali e che sosteneva il Pan-Africanismo e la liberazione di tutti i territori coloniali non solo in Africa, ma anche nel resto del mondo.

L'eredità di Patrice Lumumba continua a servire come fonte d'ispirazione nella politica Congolese oggi, mentre dozzine di partiti politici proclamano la loro convinzione nelle sue idee di "Neutralismo positivo", che sostiene un ritorno ai valori Africani e che rifiuta qualsiasi ideologia importata, compresa l'ideologia del Unione Sovietica:

"Non siamo comunisti o cattolici. Siamo nazionalisti Africani", ha detto una volta Patrice Lumumba.

I Pan-Africanisti (coloro che sognano una futura Unione economica Africana con un sistema politico e una struttura militare integrati) apprezzano l'eredità di Lumumba e lo collocano accanto a Kwame Nkrumah del Ghana, Sekou Touré della Guinea, Julius Nyerere della Tanzania e i leader dello storico Partito UPC del Camerun — che è stato liquidato durante la loro lotta contro il colonialismo Francese e il neocolonialismo che ha portato all'unificazione e all'indipendenza del paese — come icone dell'era della lotta per l'indipendenza dell'Africa che ha seminato i semi per l'Unione Africana, che è ancora essere realizzato.

Il 31 Maggio 1997, un Lumumbiste è salito al potere dopo aver guidato una ribellione su vasta scala contro il dominio del malato Mobutu sotto lo stendardo dell'Alleanza delle forze democratiche per la liberazione del Congo-Zaire (ADFL), e con il sostegno di Ruanda, Uganda e Burundi, segnando così la fine della prima guerra del Congo in un esercizio che impiegò l'ADFL solo mezzo anno per ottenere il controllo dell'intero paese, un territorio che è leggermente più della metà delle dimensioni dell'Unione Europea. Laurent-Désiré Kabila, come fu chiamata la nemesi di Mobuto e il nuovo presidente, fece una potente dichiarazione quando cambiò il nome del paese dallo Zaire alla Repubblica Democratica del Congo, che era il modo in cui la nazione dell'Africa centrale era conosciuta dal 1964-1971.

Mappa Politica dei Paesi Africani, 1996

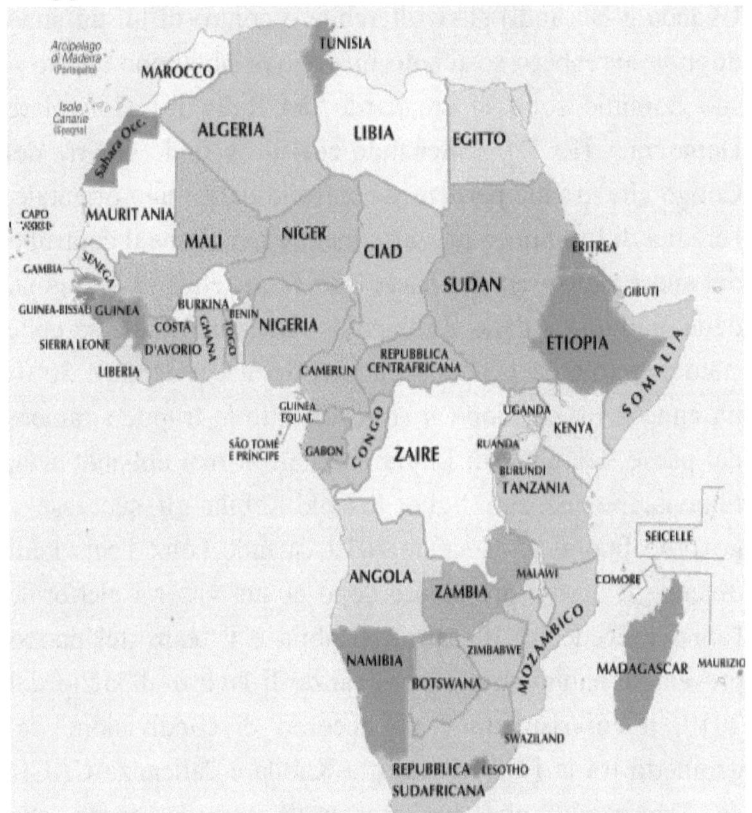

Laurent-Désiré Kabila non è venuto dal nulla. In effetti, nel 1965, era emerso come il più illustre luogotenente di Patrice Lumumba dopo la crisi del Congo dei primi anni '60 e la ribellione contro Mobutu Sese Sekou che ne seguì. Fu anche riconosciuto da Che Guevara durante la sua spedizione in Congo, anche se il rivoluzionario Argentino pensava che la sua controparte Congolese fosse troppo distratta all'epoca, concludendo che non era "l'uomo del momento."

Anche se gli ex alleati di Laurent Kabila (Ruanda, Uganda e Burundi) si rivolterebbero contro di lui un anno dopo, e avrebbero sostenuto una nuova ribellione contro il suo dominio sotto lo stendardo del Rally for Congolese Democracy (RCD), scatenando così il Secondo Guerra del Congo che lo vide perdere il controllo del Congo orientale, l'eredità di Lumumba prevalse mentre mantenne il controllo del sud e dell'ovest del paese con l'assistenza dell'Angola, della Namibia e dello Zimbabwe. Laurent Kabila sarebbe stato colpito e ucciso dalla sua guardia il 1 ° Gennaio 2001, un anno e mezzo dopo il ritiro di tutte le truppe straniere dal paese. L'eredità di Lumumba non fu mai abbandonata, tuttavia, poiché suo figlio Joseph Kabila gli successe e governò fino al 25 Gennaio 2019, quando Félix Tshisekedi divenne il nuovo presidente dopo la sua vittoria elettorale l'anno precedente. Il team di Kabila e il team del nuovo presidente hanno stretto un'alleanza di lavoro all'inizio del 2019, il cui risultato è un accordo di condivisione del gabinetto tra la FCC allineata a Kabila e l'alleanza CACH di Tshisekedi, che ha assicurato che le forze che riconoscono Patrice Lumumba il ruolo positivo nella storia Congolese continua a mantenere il potere, anche se non riescono a rispettare gli standard che ha rispettato prima della sua morte.

La tragica perdita di Patrice Lumumba è stata espressa al meglio da Noam Chomsky durante un'intervista dell'11 Settembre 2013 con la rinomata giornalista televisiva non istituzionale, editorialista sindacato, reporter investigativo e autrice Amy Goodman i cui incarichi investigativi l'hanno portata in luoghi come la Nigeria e Timor Est. Ha detto che:

> *"L'omicidio di Lumumba, in cui furono coinvolti gli Stati Uniti, in Congo distrusse la principale speranza Africana per lo sviluppo. Il Congo è ormai una storia horror totale, per anni ",*

Ora, il professor Noam Chomsky, considerato da molti come il più grande intellettuale vivente, è anche rispettato come un grande storico, linguista, filosofo, attivista politico, scienziato cognitivo e critico sociale Americano la cui padronanza della filosofia analitica è invidiabile. Quindi, quando continua a tornare in Congo per evidenziare la difficile situazione del paese come vittima della schiavitù, del colonialismo, del neocolonialismo, della guerra fredda, dell'imperialismo e anche del globalismo, possiamo capire perché alcuni esperti considerano l'entità geopolitica come il cuore strangolato dell'Africa le cui risorse sembrano essere una maledizione che una benedizione. Quando ha sottolineato al suo pubblico che:

> *"Il minerale principale nel tuo cellulare, il coltan [un minerale metallico nero], proviene dal Congo orientale. Le multinazionali stanno sfruttando le ricchissime risorse minerarie della regione. Molti di loro appoggiano milizie che si combattono per ottenere il controllo delle risorse o un pezzo delle risorse."*

Ha sottolineato il motivo per cui questo paese che occupa la maggior parte dello spazio che è l'Africa centrale o mezzo è il terreno di gioco delle forze straniere che vedono in Africa e le sue ricche risorse come nient'altro che bottino che può essere saccheggiato a costo ridotto o nullo eliminando coloro che sostengono la difesa degli interessi della terra e della gente, e poi sostituendoli con marionette che servirebbe invece gli interessi stranieri e i propri interessi, contro l'interesse dei loro paesi e persone.

Quasi trent'anni fa lo Zaire (Congo-Kinshasa) e il Camerun avevano la reputazione di essere gli unici due paesi in Africa in cui quelli che si erano sacrificati per la loro liberazione o indipendenza non avevano mai governato. Quindi il fatto che i Congolesi dell'ex Congo Belga siano riusciti a superare i loro leader con la disposizione malvagia messa in atto dai poteri stranieri per servire gli interessi di questi poteri alieni contro il benessere del popolo Congolese, ci dice che il paese è arrivato una lunga strada nel difficile viaggio per invertire le devastazioni della schiavitù, del colonialismo, del neocolonialismo e dell'imperialismo, lasciando il Camerun come l'unico paese in Africa con una liberazione incompiuta che rischia di lacerare il paese infestato, a meno che i nazionalisti civici del Camerun agiscano in modo tempestivo nello smantellare il sistema imposto dalla Francia che il regime di Biya gestisce, in quella che è generalmente la degenerazione di questa entità geopolitica conosciuta come il microcosmo dell'Africa.

Indice di Democrazia: Africa e il Mondo

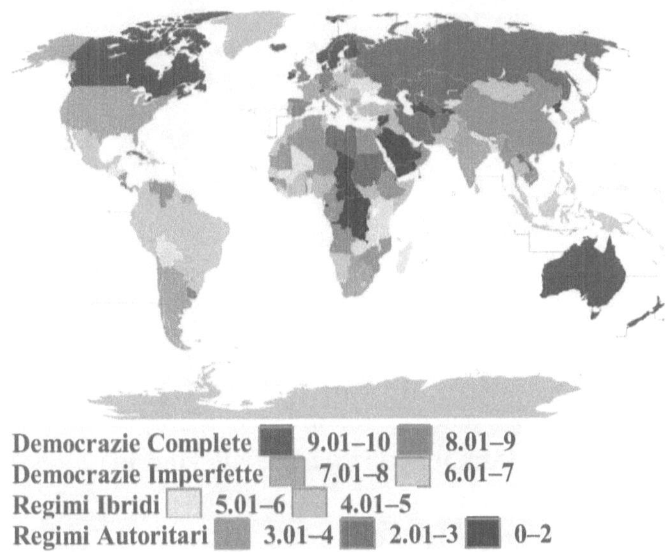

Valutazioni Sulla Democrazia dei Paesi Africani

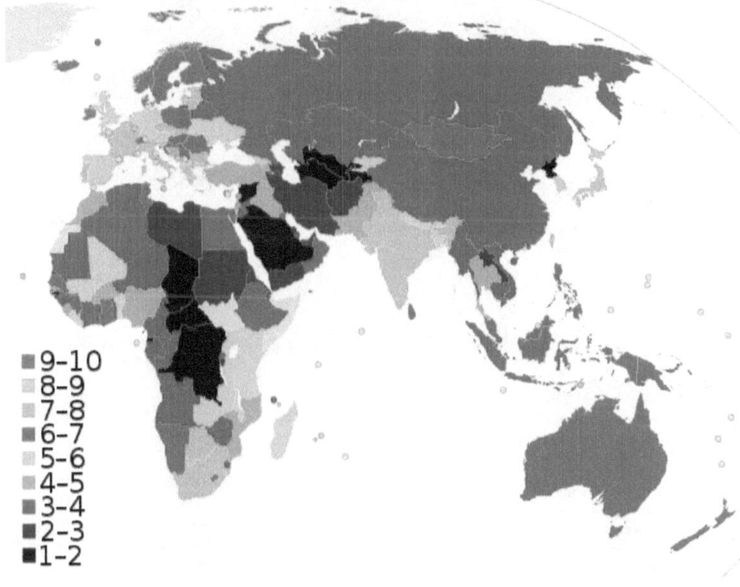

La Misura della Libertà dei Paesi del Mondo

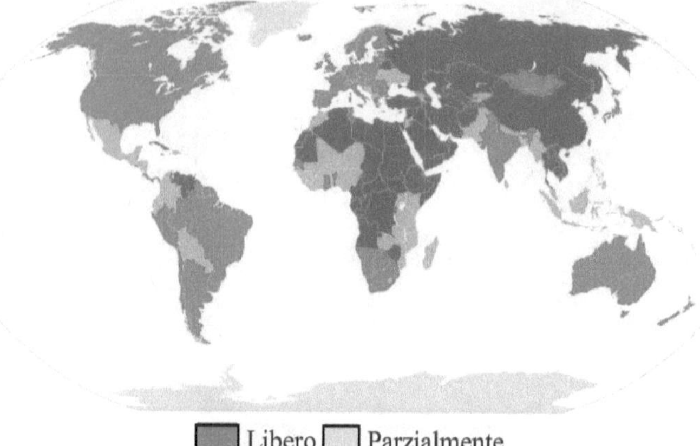

Libero Parzialmente

Indice di Democrazia: Africa e il Mondo

Mappa Politica dei Paesi Africani

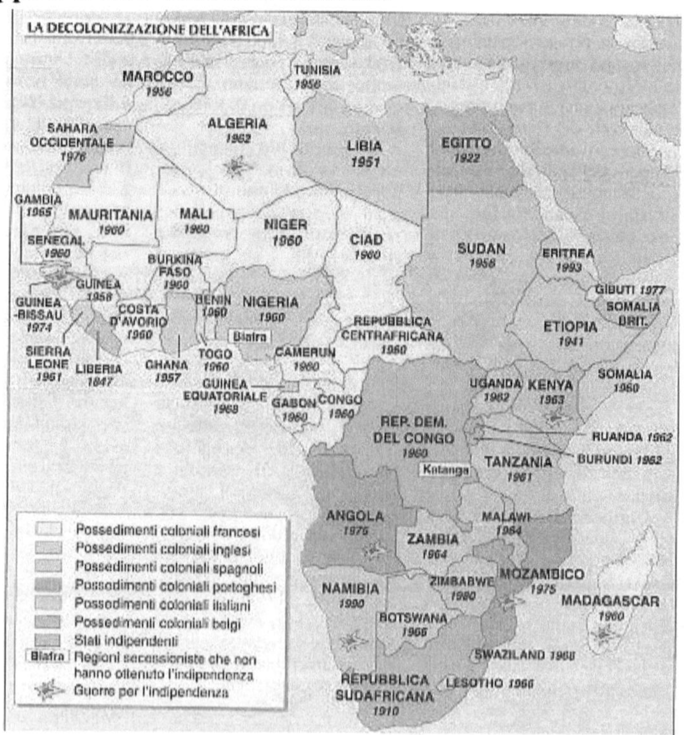

EROI CADUTI: I Leader Africani i cui Assassinazioni... 55

Capitolo Due

Félix-Roland Moumié

Citazioni

"Se combattiamo fino alla morte contro un'integrazione arbitraria del nostro paese nell'Impero coloniale Francese, è perché vogliamo rimanere i difensori conquistatori del diritto dei popoli all'autodeterminazione. Siamo così, al servizio di Kamerun e dell'Africa ... siamo i veri artigiani della distensione internazionale. Come nazionalisti rivoluzionari, stiamo lottando per realizzare per il Kamerun e solo per esso, una vera "Indipendenza" nazionale con "Unificazione" come condizione preliminare, simultanea o consecutiva, ma mai esclusa."

Ruben Um Nyobè

"Non siamo coinvolti in questa lotta solo perché pensiamo che smantelleremo questo sistema nel corso della nostra vita. Speriamo che il Camerun cambi domani. Ma in caso contrario, saremo felici di sapere che abbiamo reso il terreno fertile per la prossima generazione che metterà fine alla putrefazione in questo paese e che stabilirà il "NUOVO CAMERUN.""

Dr. Samuel F. Tchwenko, ex UPCista e capo ideologo
dello storico SDF del 1990-2002

"Un popolo che è determinato a lottare per la libertà e l'indipendenza è invincibile."

Ruben Um Nyobè

"Il Camerun non è un paese di schiavi che nessun uomo può liberare."
Janvier Chouteu-Chando

"Il nemico non è colui che ti sta affrontando con una spada in mano, è l'avversario. Il nemico è quello dietro di te con un coltello alle spalle."
Thomas Sankara

.".. Il mondo viene benedetto di tanto in tanto con anime uniche che, sebbene gravate dalle loro croci invisibili, hanno ancora la straordinaria forza di avanzare nella vita e dare agli altri una mano allo stesso tempo. Nonostante le loro tribolazioni, molti di noi pensano di stare bene. Anche quando il peso delle loro croci diventa insopportabile, anche quando procedono senza fiato, abbiamo ancora difficoltà a capire che stanno annegando. In effetti, li condanniamo persino per non aver sacrificato di più ... "
Janvier Chouteu-Chando, Discepoli della Fortuna

"L'indipendenza politica non ha significato se non è accompagnata da un rapido sviluppo economico e sociale."
Patrice Lumumba

"La cosa peggiore che il colonialismo ha fatto è stata appannare la nostra visione del nostro passato."
Barack Obama

"Fino a quando i leoni non avranno i loro storici, la storia

della caccia glorificherà sempre il cacciatore."
Chinua Achebe

"I personaggi delle altre nostre vite sono fantasmi che la letteratura sta facendo rivivere."
Olivier Weber

Camerun su una Mappa del Mondo

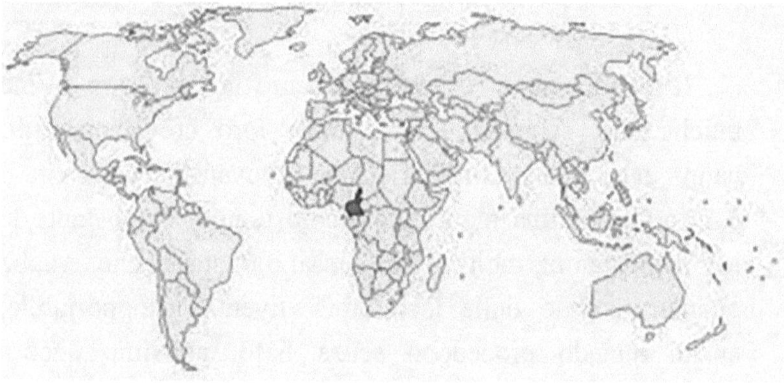

Mappa Politica dei Paesi Africani

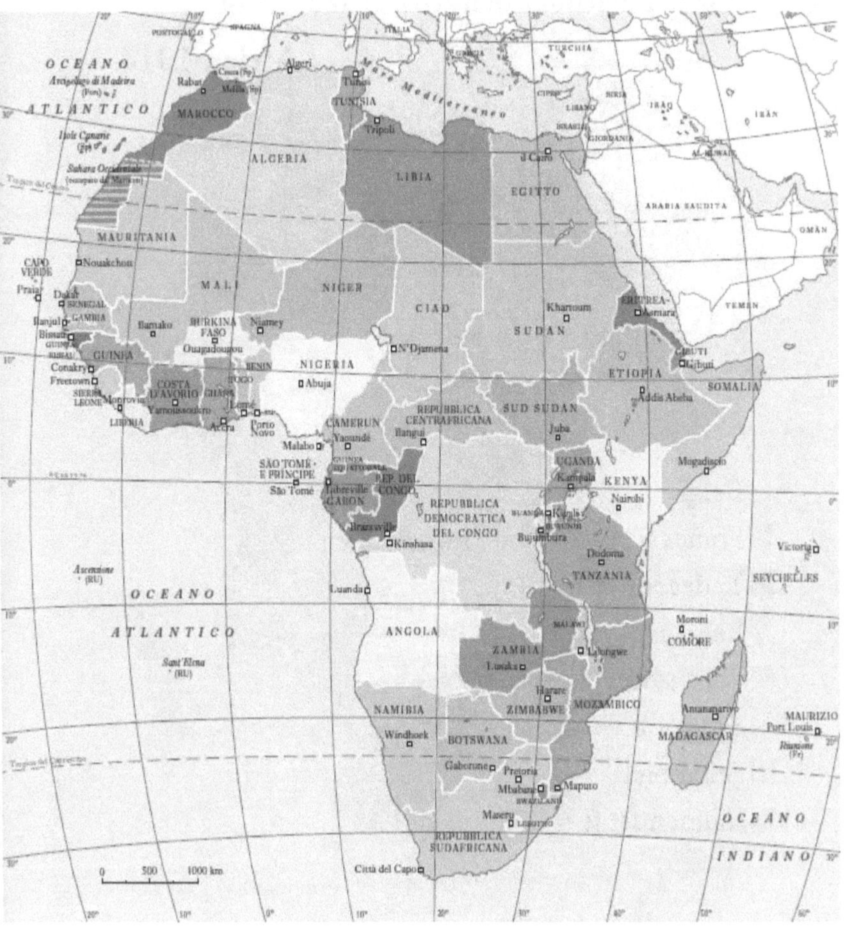

OCEANO
ATLANTICO
Arcipelago di Madeira
(Port.)
Isole Canarie
(Sp.)
Sahara Occidentale
(occupato dal Marocco)
MAROCCO
Rabat
Casa (Sp.)
Melilla (Sp.)
Algeri
ALGERIA
Tunisi
TUNISIA
Tripoli
LIBIA
SPAGNA
ITALIA
Mare Mediterraneo
TURCHIA
CIPRO
SIRIA
LIBANO
ISRAELE
GIORDANIA
AL KUWAIT
IRAQ
IRÀN
ARABIA SAUDITA
OMÀN
Il Cairo
EGITTO
MAURITANIA
CAPO VERDE
Nouakchott
Praia
Dakar
SENEGAL
Banjul
GAMBIA
Bissau
GUINEA-BISSAU
GUINEA
Conakry
Freetown
SIERRA LEONE
Monrovia
LIBERIA
Bamako
MALI
BURKINA FASO
Ouagadougou
Niamey
NIGER
Yamoussoukro
COSTA D'AVORIO
GHANA
Accra
BENIN
TOGO
Lomé
Porto Novo
NIGERIA
Abuja
CIAD
N'Djamena
Khartoum
SUDAN
ERITREA
Asmara
YEMEN
GIBUTI
Gibuti
ETIOPIA
Addis Abeba
SOMALIA
CAMERUN
Yaoundé
Malabo
SÃO TOMÉ E PRÍNCIPE
São Tomé
GUINEA EQUATORIALE
Libreville
GABON
Brazzaville
REP. DEL CONGO
Kinshasa
REPUBBLICA CENTRAFRICANA
Bangui
SUD SUDAN
Juba
UGANDA
Kampala
RUANDA
Kigali
BURUNDI
Bujumbura
REPUBBLICA DEMOCRATICA DEL CONGO
KENYA
Nairobi
Mogadiscio
Victoria
SEYCHELLES
Dodoma
TANZANIA
Luanda
ANGOLA
Ascensione (RU)
OCEANO
ATLANTICO
Sant'Elena (RU)
MALAWI
Lilongwe
ZAMBIA
Lusaka
Harare
ZIMBABWE
MOZAMBICO
Moroni
COMORE
Antananarivo
MADAGASCAR
MAURIZIO
Port Louis
Riunione (Fr)
NAMIBIA
Windhoek
BOTSWANA
Gaborone
Pretoria
Mbabane
SWAZILAND
Maputo
Maseru
LESOTHO
REPUBBLICA SUDAFRICANA
Città del Capo
OCEANO
INDIANO
0   500   1000 km.

Mappa di Partizione dell'Africa: 1884-1914

Africa 1914

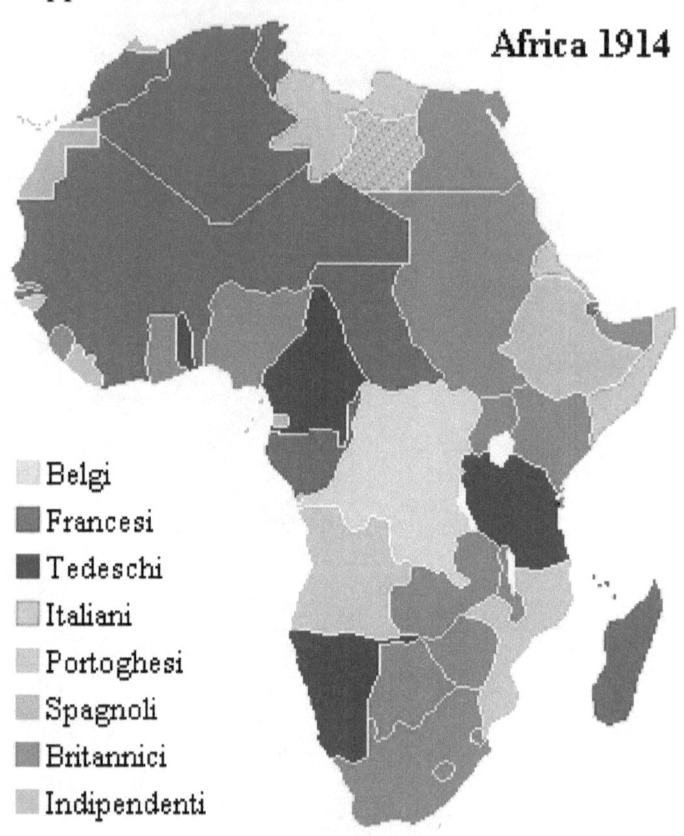

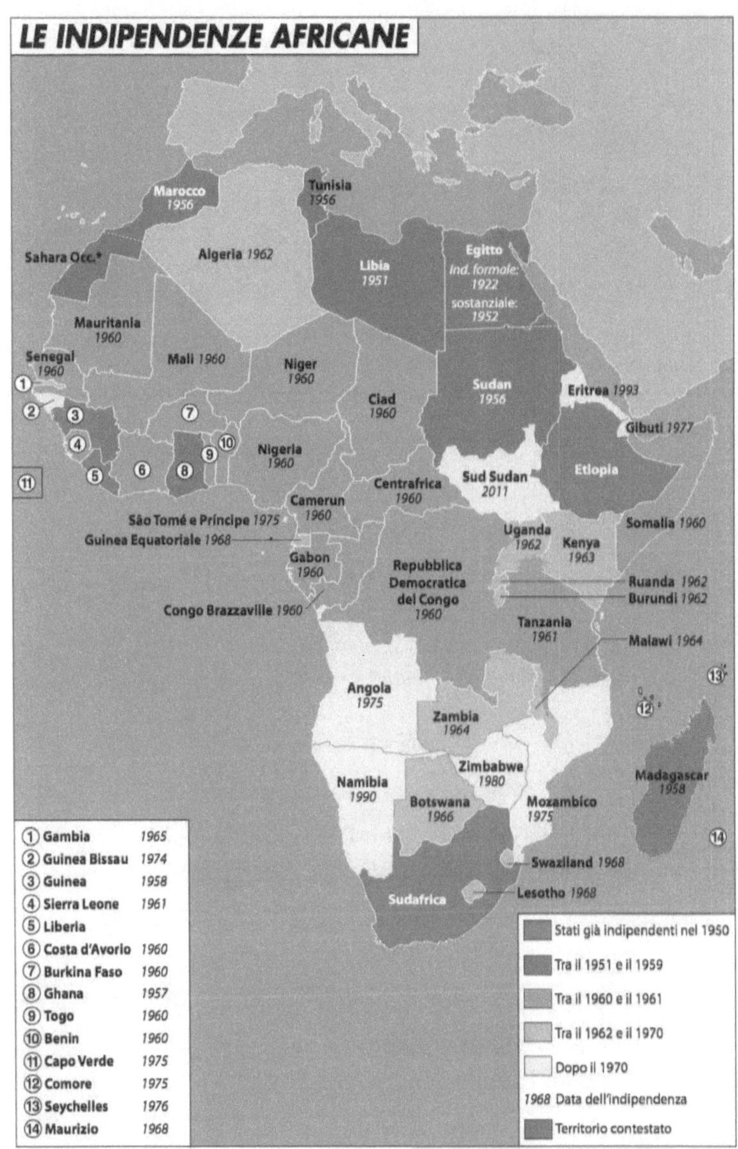

Il Camerun nel Tempo

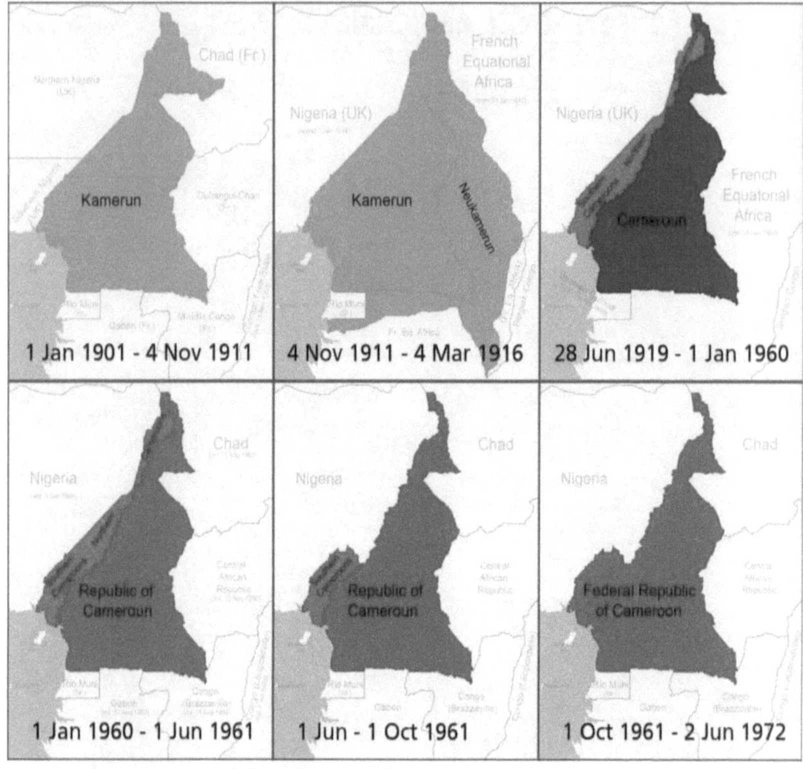

1. Kamerun Tedesco (1884-1911)
2. Kamerun Tedesco (1911-1916)
3. Camerun Britannico e Camerun Francese: 1916-1960
4. Camerun Britannico e Repubblica del Camerun (1960-1961)
5. Camerun Meridionale Britannico e Repubblica del Camerun (1960-1961)
6. Camerun Riunito / Indipendente oggi.

Prima fila dei leader UPC (da sinistra a destra): Castor Osendé Afana, Abel Kingué, Ruben Um Nyobé, Félix Moumie e Ernest Ouandié

Nato nel 1926, Félix-Roland Moumié era un leader anticolonialista del Camerun e Pan-Africanista. Il suo assassinio a Ginevra il 3 Novembre 1960 da parte di William Bechtel dello SDECE (il servizio segreto Francese) con tallio è considerato il crimine più sfacciato commesso dai servizi segreti Francesi all'estero e forse il più grande colpo singolo subito dai civico-nazionalisti Camerunesi in lotta per la liberazione della terra dal controllo neocoloniale Francese.

Il dottor Felix-Roland Moumié fu a capo dell'UPC (*Union des Populations du Cameroun*, anche chiamato *Union du Peuple Camerounais* — "Unione delle Popolazioni del Camerun") dal 1958 al 1960. L'UPC è stato il primo partito politico storico ad emergere dai territori dell'ex colonia tedesca di Kamerun. Fondata nel 1948, l'UPC operava sia nel Camerun Francese che nel Camerun Britannico — che erano territori di fiducia delle Nazioni unite che ne sono emersi dall'ex Kamerun Tedesco del 1884-1916 in seguito alla sua divisione tra Gran Bretagna e Francia, come convenuto nel Trattato di Versailles del 28 Giugno 1919 — il più importante dei trattati di pace che portò a termine la Prima Guerra Mondiale, formalizzando la fine dello stato di guerra tra la Germania e le Potenze Alleate. L'obiettivo principale del partito era la riunificazione e l'indipendenza del Camerun Britannico e del Camerun Francese, i territori fiduciari che erano i successori dei mandati della Società delle Nazioni, e che si sono verificati quando la Società delle Nazioni ha cessato di esistere nel 1946, e lo sostituì con l'Organizzazione delle Nazioni Unite.

****

L'amministrazione fiduciaria Francese vietò l'UPC nel 1955, accusandolo di fomentare disordini civili, costringendo così il partito all'esilio nell'estate del 1955. Tuttavia, l'UPC riemerse nel 1956 e sfidò la Francia attraverso i media internazionali. Le autorità coloniali Britanniche bandirono anche l'UPC nel Camerun Britannico nel 1958, costringendo così la maggior parte della sua leadership che fuggì dal Camerun Francese e cercò rifugio nel Camerun Britannico, per fuggire in Egitto,

Ghana, Cina e altri paesi a sostegno della causa Camerunense per la sua riunificazione e indipendenza.

Ruben Um Nyobé, leader del partito e segretario generale; Ernest Ouandié e Abel Kingué, i due vicepresidenti del partito; e Felix Moumié si sono impegnati a proseguire la lotta per la riunificazione e l'indipendenza del Camerun Francese e del Camerun Britannico, nonostante la determinazione della Francia a dividere e governare i popoli dell'ex Kamerun Tedesco. Dopotutto, l'UPC ha comandato il sostegno della maggior parte del popolo del Camerun Francese, e i suoi discendenti e le sue parti sorelle nel Camerun Britannico hanno comandato il sostegno dell'elettorato lì. In effetti, oltre l'80% dei Camerunensi istruiti ha sostenuto il partito e la sua causa per la riunificazione e l'indipendenza delle terre dell'ex Kamerun Tedesco.

Tuttavia, il partito ha ricevuto il suo primo grande trauma quando tre anni dopo il divieto, in un momento in cui alcuni esperti stavano iniziando a pensare che la Francia avrebbe consentito al partito di ricominciare a operare come entità politica legale, le forze di sicurezza dell'amministrazione fiduciaria Francese assassinò il primo leader storico dell'UPC Ruben Um Nyobé il 13 Settembre 1958, vicino al suo villaggio natale di Boumnyebel, nella terra Bassa.

Le Risorse Naturali della Regione CentrAfricana

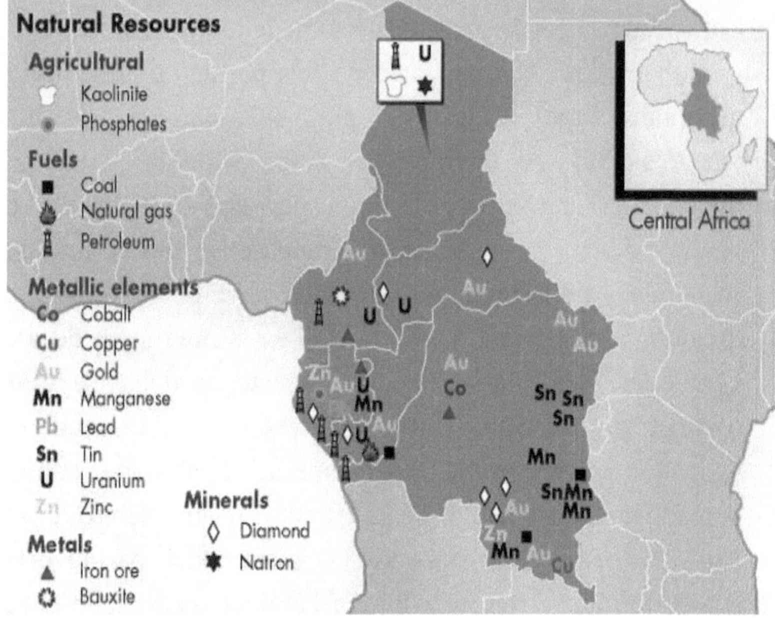

****

Quindi, quando il dottor Felix-Roland Moumié subentrò a Ruben Um Nyobé, fu costretto a operare dall'esilio, anche se l'UPC era l'unico partito politico del Camerun Francese a godere dello schiacciante sostegno dei Camerunesi Francesi, e anche se era anche l'unico partito politico in quella parte dell'ex Kamerun Tedesco che condivideva un programma simile con partiti fratelli o discendenti nel Camerun Britannico. Imperterrito, sfidò la repressione della Francia sull'UPC in un modo più determinato, così che i partigiani dell'UPC avevano il controllo di gran parte della campagna della metà meridionale del Camerun Francese prima che la Francia consegnasse il controllo politico o la sovranità del Camerun Francese al suo burattino Ahmadou Ahidjo, dichiarò il terra indipendente il 1 ° Gennaio 1960, e allo stesso tempo concluse una serie di accordi socio-economici, politici e militari con lo stato nascente che ne fecero virtualmente un cortile della Francia.

Il Corpo di Félix Moumié viene Trasportato in Guinea per la Sepoltura

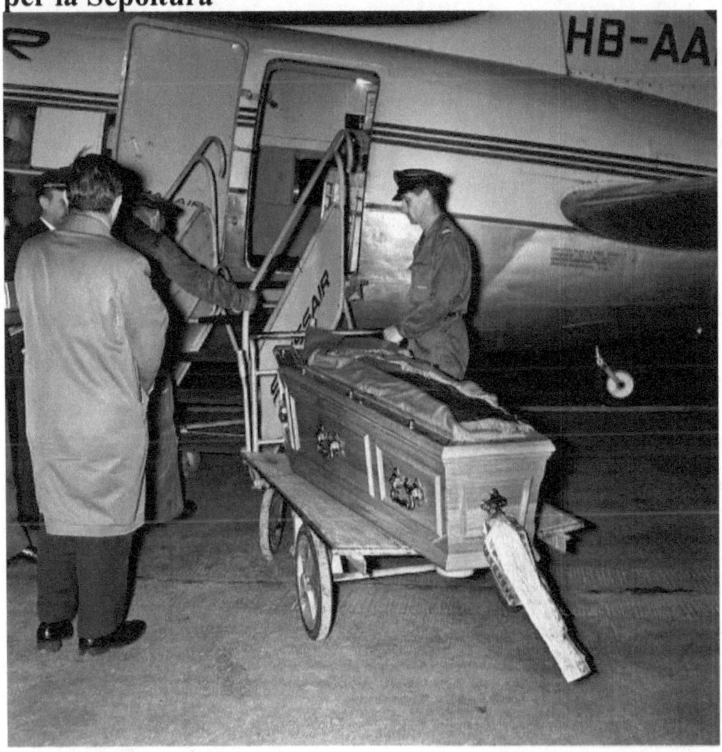

Considerato da alcuni come il "Che Guevara Africano in divenire", Félix Moumié era un leader astuto e un grande organizzatore che prima della sua morte, aveva incontrato quell'estate del 1960 con Ernesto Che Guevara, il rivoluzionario Argentino internazionale e secondo in - comando nel nuovo governo anti-Americano e anti-occidentale della Cuba di Fidel Castro. Oltre a quello sviluppo, il leader partigiano Camerunense aveva sviluppato con successo un rapporto speciale con il presidente Egiziano bellicoso Gamal Abdel Nasser, il presidente Pan-Africano del Ghana Kwame Nkrumah, l'incrollabile Patrice Lumumba del Congo-Kinshasa (l'ex Congo Belga), e il testardo capo di stato nazionalista Guineano Sékou Touré che sfidò la Francia e spinse la Guinea fuori dalle grinfie neocoloniali del suo ex padrone coloniale.

Molti esperti pensano che la Francia e i suoi alleati della guerra fredda temessero la spinta del nuovo leader dell'UPC a stringere forti relazioni con alcuni degli altri leader del blocco comunista che speravano di vedere l'Africa emergere un giorno come un continente economicamente unito e politicamente integrato. Il fatto che quei leader promettessero di aumentare il loro sostegno al gruppo partigiano UPC ora guidato da Moumie, rendeva la Francia e Ahmadou Ahidjo estremamente nervosi.

Il secondo leader esiliato del movimento nazional-nazionalista Camerunese era in missione in Europa nell'Ottobre 1960, quando William Bechtel lo invitò a cena in un hotel a Ginevra, in Svizzera, fingendosi giornalista. In effetti, era un membro del *"Main Rouge"* (Mano Rossa), un ramo di un'unità speciale del servizio segreto Francese incaricato di eliminare i nazionalisti Africani anti-Francesi e filo-indipendenti e i loro sostenitori in Europa.

Distratto da una convocazione al telefono da parte di uno staff del ristorante, Moumié lasciò la sua bevanda incompiuta che Bechtel contaminò versandoci con una dose letale di tallio. Ma Moumié non l'ha bevuto al suo ritorno. Quindi, Bechtel ha creato un'altra distrazione, durante la quale ha versato un'altra dose di tallio nel vino di Moumié. Moumié finì per sorseggiare entrambi i drink e morì in un ospedale di Ginevra il 3 Novembre 1960, pochi giorni prima del suo ritorno in Guinea, e molto prima di quanto i suoi assassini avevano programmato. Il fatto che il leader della liberazione del Camerun abbia preso una dose eccessiva del veleno ha ostacolato il complotto che la Francia aveva schiuso per incolpare la morte di Felix Moumié sul presidente Guineano Sekou Touré, che aveva agito come conduttore del leader UPC durante il suo esilio nella capitale Guineana di Conakry.

****

L'assassinio di Félix Moumié sarebbe seguito tre mesi dopo dall'orrendo assassinio di Patrice Lumumba dell'ex Congo Belga. La morte di questi due nazionalisti civici Africani con una visione Pan-Africana sarebbe seguita da una sanguinosa repressione della resistenza popolare ai regimi neocoloniali nei rispettivi paesi.

Con l'esecuzione del successore di Félix Moumié Ernest Ouandie nel Gennaio 1971, la controffensiva neocoloniale contro i movimenti anticolonialisti nel cuore dell'Africa sarebbe finita, segnando la vittoria per le forze neocoloniali. Questa nuova realtà avrebbe conseguenze disastrose non solo nella regione Centrafricana ma in tutta l'Africa. L'Africa subsahariana Francofona non ha osato opporsi al neocolonialismo Francese dalla sconfitta del nazionalismo civico Camerunese e l'imposizione da parte della Francia di un sistema di controllo mafioso sulle sue ex colonie che utilizza marionette Francesi che non sono responsabili nei confronti del loro popolo.

Mappa di Partizione dell'Africa: 1884-1914

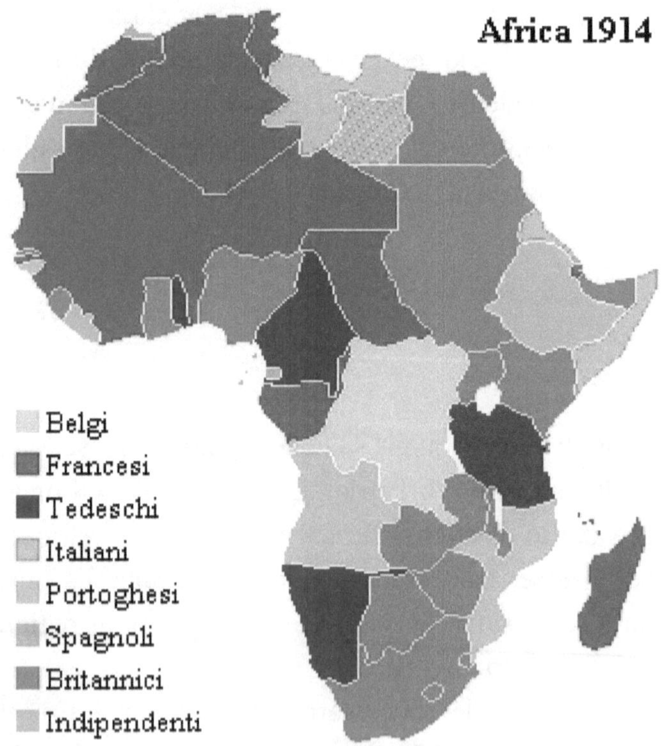

La morte di Félix Moumié, il mantenimento del divieto Francese sull'UPC, l'espulsione dell'UCPC nel 1958 dai Camerun Britannici e il ritorno al potere in Francia della leggenda Francese e del neocolonialista generale Charles De Gaulle portarono fatto la realizzazione del sogno Kameruniano di riunificazione, indipendenza e sviluppo sembrano impossibili. Tuttavia, i derivati dell'UPC in Camerun Britannico e i nazionalisti Camerunesi nel Camerun meridionale Britannico hanno realizzato il sogno di riunificazione sostenendo la campagna nel referendum sponsorizzato dalle Nazioni unite per il voto di riunire i Camerun Britannici meridionali con la Repubblica di un anno del Camerun, l'ex Camerun Francese che ottenne l'indipendenza il 1 ° Gennaio 1960 sotto il governo anti-UPC del burattino Francese Ahmadou Ahidjo.

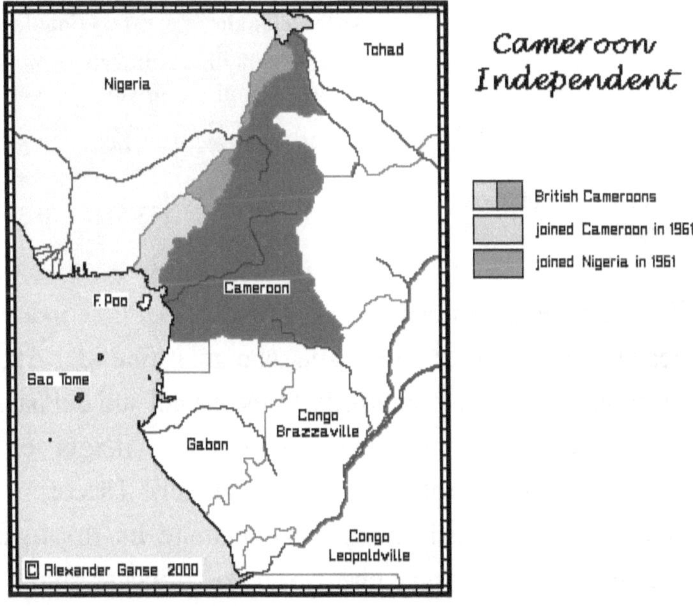

British Cameroons= Camerun Britannici
Joined Cameroun in 1961= Si è unito alla Repubblica del
Camerun — ex Camerun Francese — nel 1961 (riunificazione)
Joined Nigeria in 1961= Si è unito alla Nigeria nel 1961

11-12 Febbraio 1961 Plebiscito del Camerun Britannico
Punti principali: agli elettori è stato chiesto se volevano unirsi con la
Nigeria o il Camerun quando l'indipendenza è concessa alle due
regioni.

Camerun Settentrionale Britannico
Elettori registrati   292,985
Voti totali (votazione) Non Disponibile (NON
                                        APPLICAZIONE)
Voti non validi / vuoti Non Disponibile
Voti validi totali   243,955
Camerun Meridionale Britannico
Elettori registrati   349,652
Voti totali (votazione) Non Disponibile (NON
                                        APPLICAZIONE)
Voti non validi / vuoti Non Disponibile
Voti validi totali   331,312

Risultati	Camerun Settentrionale		Camerun Meridionale	
	Numero di voti	% di voti	Numero di voti	% di voti
Unione con la Federazione della Nigeria	146,296	59.97%	97,741	29.50%
Unione con la Repubblica del Camerun	97,659	40.03%	233,571	70.50%

In effetti, anche se inferiormente armato, l'UPC condusse
un'efficace campagna di guerriglia che alla fine del 1959
aveva limitato il completo controllo Francese nel sud del paese
solo alle città e alla cittadina, lasciando i villaggi e le
campagne sotto il controllo del UPC. E poiché l'accordo di
amministrazione fiduciaria delle Nazioni unite ha fissato un
limite al numero di truppe che l'esercito Francese avrebbe

potuto avere sul territorio, la Francia deciso di accelerare la concessione dell'indipendenza al Camerun Francese. Tuttavia, la Francia garantì l'indipendenza al Camerun Francese il 1 ° Gennaio 1960 sotto il suo burattino Ahmadou Ahidjo, e allo stesso tempo costrinse Ahidjo a firmare un patto segreto con la Francia, un accordo con componenti economiche, politiche e militari che, tra le altre cose, consentiva alla Francia per moltiplicare il numero di truppe Francesi di stanza in stanza nell'ex Camerun Francese, in seguito chiamata la Repubblica del Camerun. L'esercito Francese rafforzerebbe la sua presenza nella terra aumentando il numero dei suoi soldati e hardware lì, e accelerando il reclutamento e l'addestramento di un esercito Camerunese locale a guida Francese. Questi eserciti Franco-Camerunesi avrebbero sconfitto gli insorti nelle sue principali roccaforti nella Terra Bassa nel 1960 e nella Terra Bamileke dal 1962 al 1964, infliggendo pesanti perdite all'UPC e alle popolazioni civili attraverso i loro bombardamenti indiscriminati di entrambi i guerriglieri campi e comunità civili, una politica della terra bruciata di per sé che alcuni storici e vari esperti considerano un genocidio a guida Francese contro alcune forze e popolazioni di aree del Camerun che si opponevano ai piani neocolonialisti della Francia per il Camerun.

L'UPC si rese conto nel 1965 di non poter più vincere il conflitto armato contro l'esercito Francese e l'esercito Camerunese che la Francia creò per il regime fantoccio Ahmadou Ahidjo. Gli sforzi prevaricati per raggiungere la pace attraverso i colloqui di pace avrebbero attirato il successore di Felix Moumié Ernest Ouandie fuori dalla boscaglia, portando alla sua resa / cattura, e quindi all'esecuzione nel Gennaio 1971, ponendo così fine alla lotta armata dell'UPC contro la Francia per la riunificazione, l'indipendenza e la libertà di i territori dell'ex Kamerun Tedesco, un conflitto che ha provocato la morte di oltre mezzo milione di persone del Camerun in quello che alcuni esperti considerano "la liberazione incompiuta del Camerun", perché coloro che hanno fatto campagna e combattuto per la riunificazione e l'indipendenza del Camerun e i loro eredi hanno da allora è stato impedito il potere nel paese.

****

I Camerunesi della parte di lingua inglese del Camerun riunito si resero presto conto di essere stati ingannati e soggiogati dalla Francia e dal suo burattino, come le popolazioni sconfitte e soggiogata della parte Francofona del paese, e che anch'essi erano ora sotto il giogo soffocante di un sistema imposto dalla Francia e gestito dalla dittatura del burattino Francese Ahmadou Ahidjo. Paul Biya, un'altra marionetta Francese e successore di Ahmadou Ahidjo, a seguito di ordini dalla Francia, è al potere dal 1982 e ha ulteriormente aggravato il soffocamento del Camerun. Quasi sessant'anni dopo, il Camerun è ancora sotto il controllo delle forze anti-UPC che la Francia ha messo al potere nel paese — questi sono i Camerunesi che non hanno avuto alcun ruolo, come moderati o come radicali, nella lotta nazionalista per la riunificazione e indipendenza della terra. In effetti, la Francia ha aiutato i suoi burattini a stabilire uno stato di polizia al fine di imporre il loro dominio, il che spiega perché il Camerun non ha mai sperimentato il dominio sotto un capo di stato che è o è stata la scelta della gente.

La mafia continua. Il paese che incarna lo spirito audace dell'Africa è ancora in preda alle forze che erano contrarie alla sua ricerca di liberazione, sviluppo e partenariato con altre forze progressiste del mondo.

Gli omicidi di Ruben Um Nyobé, Félix Moumié, Patrice Lumumba, Castor Osendé Afana, Ernest Ouandie e decine di migliaia di nazionalisti civici Congolesi e Camerunesi sono stati dopo tutto una campagna di successo da parte dei poteri neocoloniali per distruggere il vero sviluppo indipendente dell'Africa, perché la sconfitta dei movimenti anticoloniali in questi paesi hanno indebolito la spinta Pan-Africana a creare un'unione economica Africana e ad integrare politicamente il continente. Nonostante le indicazioni o le aspettative contrarie, il Camerun di Nyobe / Moumié / Ouandie che non fu mai realizzato, e il Congo di Lumumba che non lo era stato, sarebbe stato al centro geografico, economico e politico dell'Unione Africana che è ancora la visione di molti progressisti Africani che sperano di vedere il continente assicurarsi un posto di rispetto per sé stesso nel crescente mondo multipolare.

Oggi, il sarcofago di Félix Moumié manca ancora in quello che era il suo luogo di riposo nel cimitero di Conakry, in Guinea. Albert Kingue è ancora sepolto al Cairo, in Egitto. Ruben Um Nyobé, Ernest Ouandie, Castor Osendé Afana e gli altri leader dell'UPC uccisi dalle forze Franco-Ahidjo sono difficilmente riconosciuti, men che meno onorati negli annali della storia del Camerun, mesmo que i loro nomi abbelliscono strade e infrastrutture in altri paesi dell'Africa e del mondo.

Sei decenni dopo, i Camerunesi che si stanno alzando per sfidare lo stato mafioso, vedono ancora Felix-Roland Moumié e gli altri storici leader nazionalisti dell'Unione che sono stati uccisi, esiliati o indeboliti dalla Francia e dai burattini che ha imposto al paese, come le forze da emulare nel loro tentativo di smantellare il sistema che la Francia ha imposto al popolo Camerunese contro i suoi interessi e contro il loro benessere. Il sistema e la sua istituzione politica autoritaria sono guidati da Paul Biya oggi, un burattino imposto dalla Francia al popolo del Camerun. Il secondo presidente del Camerun è al potere da quarantasette anni (trentasette anni come presidente o capo di stato, e dieci anni come primo ministro dell'unico paese in Africa in cui il suo capo di stato non è mai stato la scelta del popolo, ma piuttosto un'imposizione da parte dei neocolonialisti).

Indice di Democrazia: Africa e il Mondo

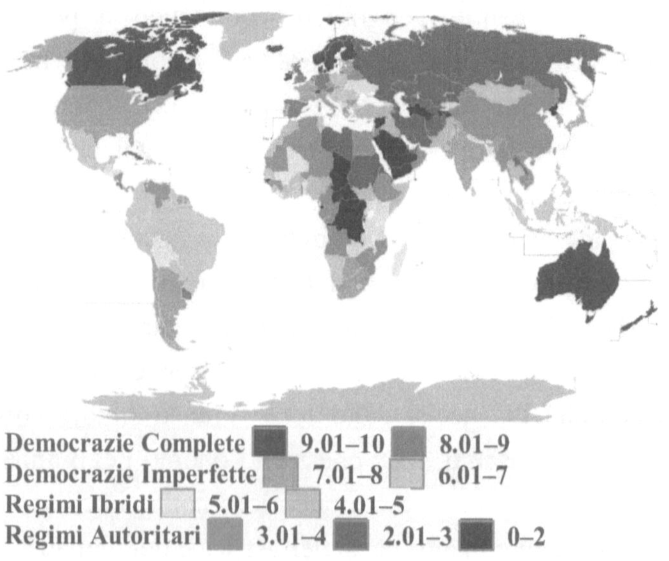

Valutazioni Sulla Democrazia dei Paesi Africani

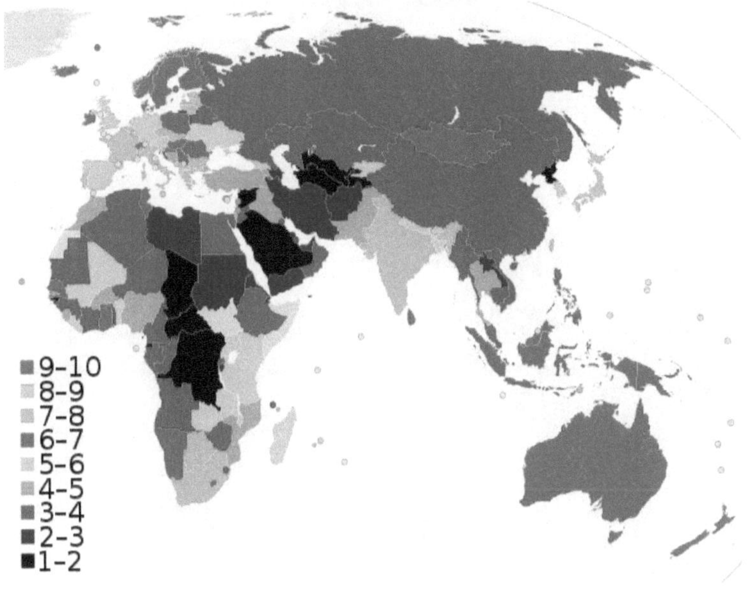

La Misura della Libertà dei Paesi del Mondo

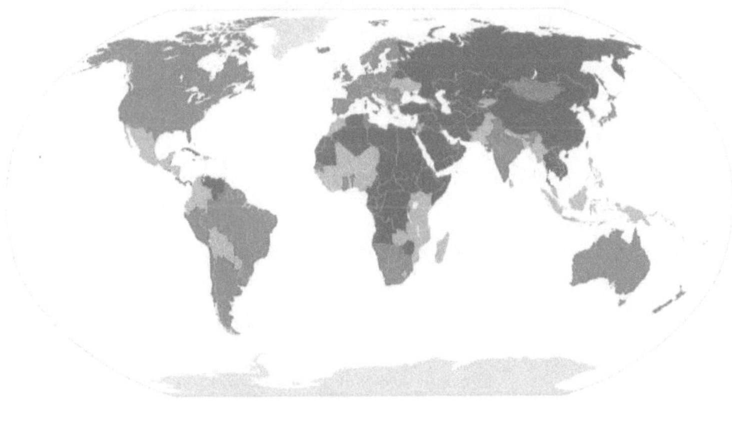

Indice di Democrazia: Africa e il Mondo

Mappa Politica dei Paesi Africani

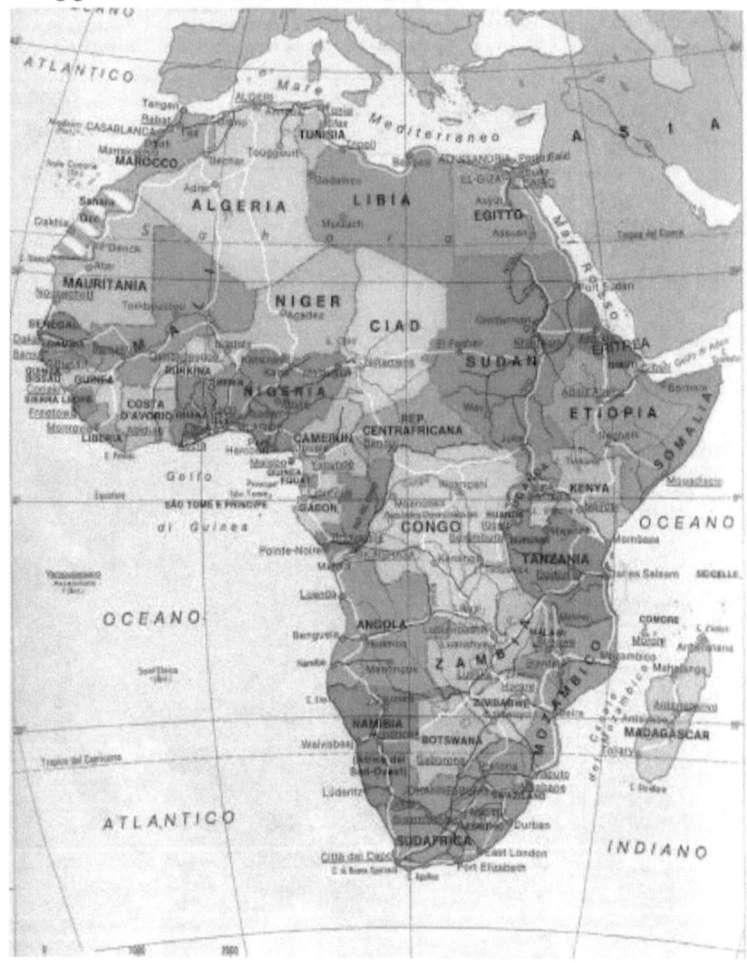

Capitolo Tre

Thomas Sankara

Citazoni di Thomas Sankara

"Mentre i rivoluzionari come individui possono essere uccisi, non puoi uccidere le idee."

"Il nemico non è colui che ti sta affrontando con una spada in mano, è l'avversario. Il nemico è quello dietro di te con un coltello puntato sulla schiena."

"Senza educazione politica patriottica, un soldato è solo un potenziale criminale."

"Non penso che Blaise (Blaise Compaoré, il suo vice e migliore amico) voglia fare un tentativo sulla mia vita. L'unico pericolo è che se rifiuta di agire, i poteri imperialisti gli offriranno il potere su un piatto d'argento organizzando il mio assassinio. Anche se riescono ad assassinarmi, non importa! La linea di fondo è che vogliono mangiare e io li sto fermando. Ma morirò pacificamente, per mai, dopo quello che siamo riusciti a instillare nelle coscienze dei nostri connazionali, non possono controllare il nostro popolo come in precedenza."

"Non puoi effettuare cambiamenti fondamentali senza una certa dose di follia. In questo caso, nasce dalla non conformità, il coraggio di voltare le spalle alle vecchie formule, il coraggio di inventare il futuro."

"Il debito è una riconquista abilmente gestita dell'Africa. È una riconquista che trasforma ognuno di noi in uno schiavo finanziario."

"Deve esserci la fine dell'arroganza delle grandi potenze, che non perdono mai l'opportunità di sfidare i diritti dei popoli. L'assenza dell'Africa dal club del veto è ingiusta e deve essere affrontata."

"Non siamo contro il progresso, ma non vogliamo progressi anarchici e che trascurano criminalmente i diritti degli altri."

"La disuguaglianza può essere eliminata solo istituendo una nuova società, in cui uomini e donne godranno di pari diritti ... Pertanto, lo status delle donne migliorerà solo con l'eliminazione del sistema che le sfrutta."

"Lo spirito è soffocato, per così dire, dall'ignoranza, ma non appena l'ignoranza viene distrutta, lo spirito brilla come il sole quando rompe le nuvole."

"La famiglia patriarcale fece la sua apparizione, fondata sulla proprietà esclusiva e personale del padre, che era diventato capo della famiglia. All'interno di questa famiglia, la donna era oppressa."

"Voglio che le persone si ricordino di me come qualcuno la cui vita è stata utile all'umanità."

"Il nostro Paese produce abbastanza per sfamarci tutti. Purtroppo, per mancanza di organizzazione, siamo costretti a chiedere aiuti alimentari. È questo aiuto che infonde nel nostro spirito l'atteggiamento dei mendicanti."

"Qualsiasi cosa che l'uomo può immaginare, lui è in grado di creare."

"I pazzi di ieri ci hanno messo in grado di agire con estrema chiarezza oggi. Voglio essere uno di quei pazzi. Dobbiamo osare inventare il futuro."

"Se fai una passeggiata per Ouagadougou e fai un elenco delle dimore che vedi, noterai che appartengono solo a una minoranza. Quanti di voi che sono stati assegnati a Ouagadougou dagli angoli più remoti del paese hanno dovuto trasferirsi ogni notte perché tu hai stati buttati fuori dalla casa che hai affittato? A coloro che hanno acquisito case e terreni attraverso la corruzione, diciamo: inizia a tremare. Se hai rubato, trema, perché verremo dopo di te."

"Dobbiamo osare inventare il futuro."

"Le donne reggono l'altra metà del cielo."

"Facciamo ogni sforzo per vedere che le nostre azioni sono all'altezza delle nostre parole ed essere vigili per quanto riguarda il nostro comportamento."

"Compagni, non esiste una vera rivoluzione sociale senza la liberazione delle donne."

"È davvero un peccato che ci siano osservatori che vedono eventi politici come i fumetti. Deve esserci uno Zorro, deve esserci una stella. No, il problema dell'Alto Volta è più grave di così. È stato un grave errore cercare un uomo, una stella, a tutti i costi, al punto di crearne uno, cioè al punto di attribuire la proprietà dell'evento al capitano Sankara, che doveva essere stato il cervello, eccetera."

"La nostra rivoluzione in Burkina Faso si basa sulla totalità delle esperienze umane sin dal primo respiro dell'umanità. Desideriamo essere gli eredi di tutte le rivoluzioni del mondo, di tutte le lotte di liberazione dei popoli del Terzo Mondo. Traiamo dalla lezione della rivoluzione Americana."

"La rivoluzione non può trionfare senza l'emancipazione delle donne."

"La rivoluzione e la liberazione delle donne vanno insieme. Non parliamo dell'emancipazione delle donne come un atto di carità o per un'ondata di compassione umana. È una necessità fondamentale per il trionfo della rivoluzione. Le donne reggono l'altra metà del cielo."

"L'imperialismo è un sistema di sfruttamento che si verifica non solo nella forma brutale di coloro che vengono con le pistole per conquistare il territorio. L'imperialismo si presenta spesso in forme più sottili, un prestito, un aiuto alimentare, un ricatto. Stiamo combattendo questo sistema che consente a una manciata di uomini sulla terra di governare tutta l'umanità."

"Dobbiamo lavorare per decolonizzare la nostra mentalità e raggiungere la felicità entro i limiti del sacrificio che dovremmo essere disposti a fare. Dobbiamo ricondizionare il nostro popolo per accettarsi così come sono, per non vergognarsi della loro situazione reale, per essere soddisfatto con esso, alla gloria in esso, addirittura."

"I nemici di un popolo sono quelli che li mantengono nell'ignoranza."

"La rivoluzione Francese ci ha insegnato i diritti dell'uomo."

"Compagni, non esiste una vera rivoluzione sociale senza la liberazione delle donne. Che i miei occhi non possano mai vedere e i miei piedi non mi portino mai in una società dove metà della gente è tenuta in silenzio. Sento il ruggito del silenzio delle donne. Sento il rombo della loro tempesta e sento la furia della loro rivolta."

"Dobbiamo imparare a vivere alla maniera Africana. È l'unico modo di vivere in libertà e con dignità. "

"Chi ti nutre, ti controlla."

"Nella sua forma attuale, controllata dall'imperialismo, il debito è una riconquista sapientemente gestita dell'Africa, con l'obiettivo di soggiogare la sua crescita e il suo sviluppo attraverso regole straniere. Pertanto, ognuno di noi diventa lo schiavo finanziario, vale a dire un vero schiavo."

"Chi non ti nutre non può pretendere nulla da te."

"La disuguaglianza può essere eliminata solo istituendo una nuova società, in cui uomini e donne godranno di pari diritti, risultanti da uno sconvolgimento dei mezzi di produzione e in tutte le relazioni sociali. Pertanto, lo status delle donne migliorerà solo con l'eliminazione del sistema che le sfrutta."

"Che Guevara ci ha insegnato che potremmo avere il coraggio di avere fiducia in noi stessi, fiducia nelle nostre capacità. Ha instillato in noi la convinzione che la lotta è la nostra unica risorsa. Era un cittadino del mondo libero che insieme stiamo costruendo. Ecco perché diciamo che Che Guevara è anche Africano e Burkinabé."

"Non vergognarti mai di essere Africano."

"Quando il popolo si alza, l'imperialismo trema."

Burkina Faso su una Mappa del Mondo

Mappa Amministrativa del Burkina Faso

Mappa Politica dei Paesi Africani

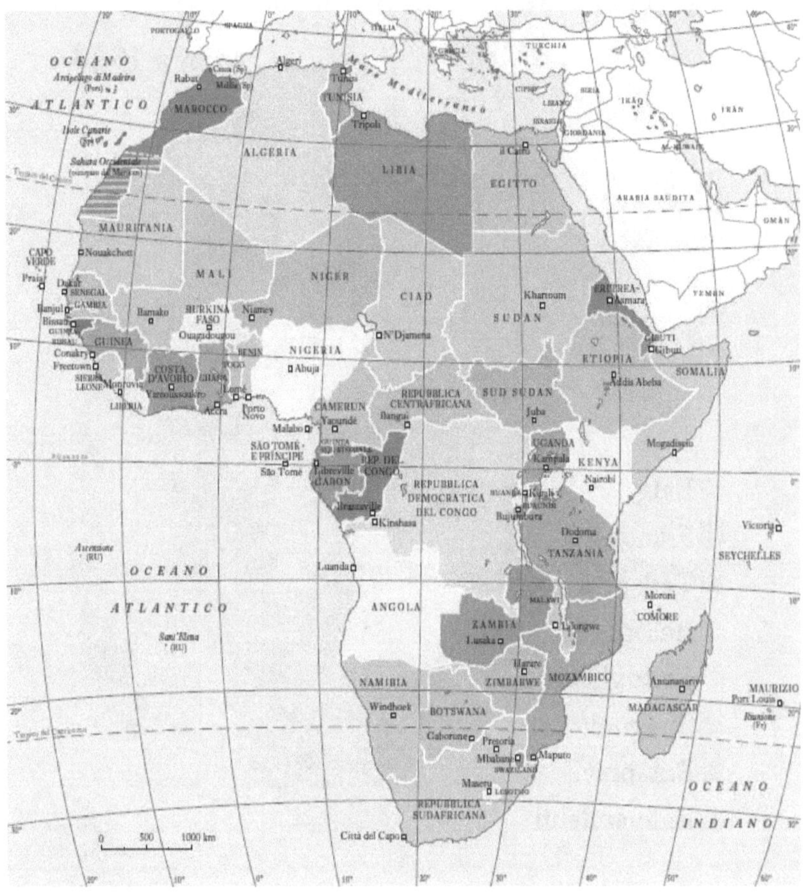

Mappa di Partizione dell'Africa: 1884-1914

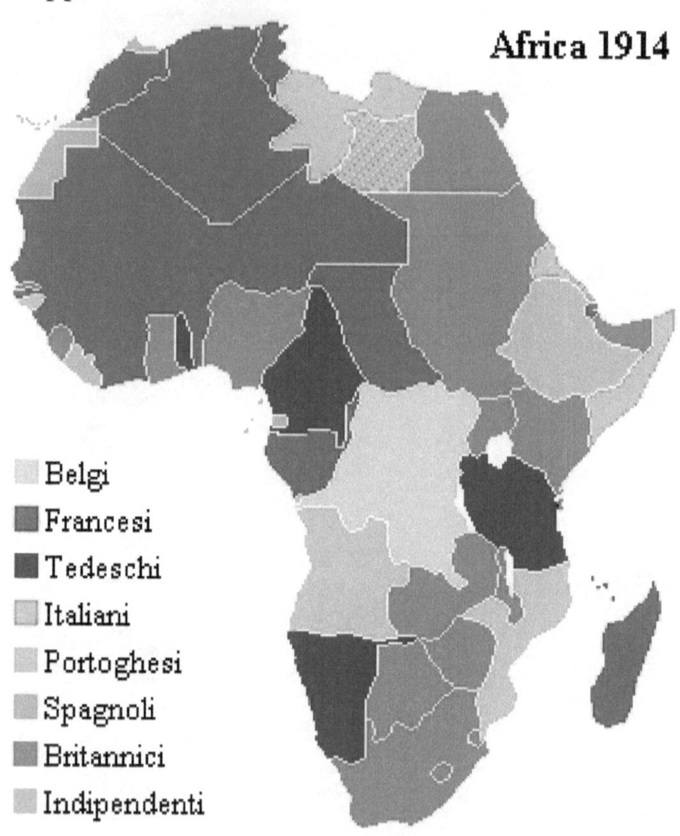

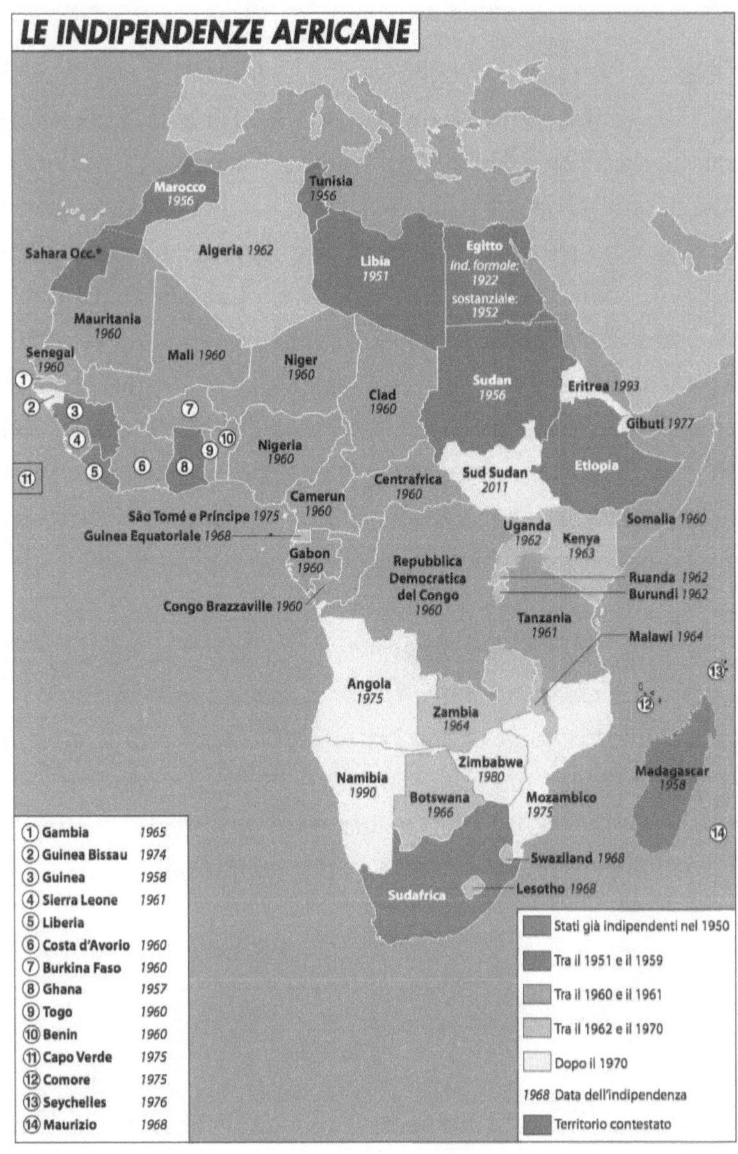

LE INDIPENDENZE AFRICANE
Marocco 1956
Tunisia 1956
Sahara Occ.*
Algeria 1962
Libia 1951
Egitto
Ind. formale: 1922
sostanziale: 1952
Mauritania 1960
Senegal 1960
Mali 1960
Niger 1960
Ciad 1960
Sudan 1956
Eritrea 1993
Gibuti 1977
Nigeria 1960
Centrafrica 1960
Sud Sudan 2011
Etiopia
São Tomé e Príncipe 1975
Camerun 1960
Uganda 1962
Somalia 1960
Guinea Equatoriale 1968
Gabon 1960
Repubblica Democratica del Congo 1960
Kenya 1963
Congo Brazzaville 1960
Ruanda 1962
Burundi 1962
Tanzania 1961
Malawi 1964
Angola 1975
Zambia 1964
Zimbabwe 1980
Madagascar 1958
Namibia 1990
Botswana 1966
Mozambico 1975
Swaziland 1968
Lesotho 1968
Sudafrica
① Gambia 1965
② Guinea Bissau 1974
③ Guinea 1958
④ Sierra Leone 1961
⑤ Liberia
⑥ Costa d'Avorio 1960
⑦ Burkina Faso 1960
⑧ Ghana 1957
⑨ Togo 1960
⑩ Benin 1960
⑪ Capo Verde 1975
⑫ Comore 1975
⑬ Seychelles 1976
⑭ Maurizio 1968
Stati già indipendenti nel 1950
Tra il 1951 e il 1959
Tra il 1960 e il 1961
Tra il 1962 e il 1970
Dopo il 1970
1968 Data dell'indipendenza
Territorio contestato

Quando l'Africa si svegliò quella mattina del 16 Ottobre 1987 e venne a sapere della morte di Thomas Sankara, il carismatico capo di stato del Burkina Faso, shock, dolore e malinconia si insediarono nel continente. Quando sorsero altre notizie riferendo che fu ucciso insieme ad altri dodici in un colpo di stato militare guidato dall'allora vicepresidente Blaise Compaoré, (che dopo il colpo di stato divenne presidente e governò fino alla sua espulsione in una rivolta popolare il 31 Ottobre, 2014), le masse del Burkina Faso sono state oltraggiate. Thomas Sankara aveva fatto sapere al mondo che Blaise Compaoré era il suo amico e il suo più stretto confidente.

Quindi, chi era questo giovane che ha preso un paese senza sbocco sul mare in Africa da un vicolo cieco, un territorio che era il cuore dell'Impero Songhai, e poi ha mostrato alla gente lì e ai loro fratelli nel resto dell'Africa la strada per un futuro privo dell'influenza ritardante del neocolonialismo?

****

La storia inizia nel 1949, con la nascita di Thomas Sankara il 21 Dicembre dello stesso anno a Yako, nell'Alto Volta, e divenne leggendario con la sua morte il 15 Ottobre 1987, a Ouagadougou, Burkina Faso, dai proiettili dei suoi assassini. Tuttavia, ci occuperemo dei Capitoli che costituiscono la sua vita sulla terra mentre approfondiamo il modo in cui è diventato il leader della Rivoluzione Burkinabé prima della sua morte prematura.

L'ascesa di Sankara all'ufficio più alto della terra iniziò dopo il suo addestramento come pilota e dopo che divenne un capitano nell'Air Force dell'Alta Volta. Ma non furono solo le sue abilità di pilota a renderlo una figura popolare nella capitale del paese, Ouagadougou, soprattutto dopo aver combattuto nella guerra di frontiera del 1974 contro il Mali. Il fatto che fosse un chitarrista decente e il fatto che gli piacessero le moto potrebbe aver contribuito al suo carisma. Quindi, la sua nomina a Segretario di Stato per l'Informazione nel 1981 dal colonnello Saye Zerbo, che divenne presidente del paese dopo aver posto fine al governo di 14 anni di Sangoulé Lamizana con un colpo di stato il 25 Novembre 1980, fu accolta dal paese gente. Tuttavia, quando si dimise dal governo il 21 Aprile 1982, citando la deriva anti-manodopera del regime, la popolazione vide un altro lato lodevole del suo personaggio che era insolito in giro. Era incorruttibile.

Il colpo di stato del 7 Novembre 1982 guidato dal Magg. Dr. Jean-Baptiste Ouédraogo e il Consiglio di salvezza popolare (CSP) che rovesciò il colonnello Saye Zerbo provocò la rianimazione delle fortune di Sankara quando il nuovo presidente lo nominò Primo Ministro nel 1983. Ma poi, Jean-Christophe Mitterrand, figlio del presidente Francese Francois Mitterrand, che in passato era il consigliere per gli affari Africani di suo padre, visitò l'Alto Volta quell'anno, non amava le idee politiche, la schiettezza e la natura incorruttibile del giovane Sankara, e così ha convinto il presidente dell'Alto Voltan a porre Sankara e alcuni dei suoi stretti collaboratori agli arresti domiciliari. Il suo confinamento da parte delle autorità ha innescato una rivolta popolare che non poteva essere contenuta.

La saga di Sankara non avrebbe preso nuove dimensioni se un gruppo di uomini dell'Alta Volta, oggi noto come Burkina Faso, non avesse deciso di lanciare una rivoluzione che avrebbe permesso al paese "di accettare la responsabilità della sua realtà e del suo destino con dignità umana". Un colpo di stato organizzato da Blaise Compaoré con l'aiuto del capitano Henri Bongo, del maggiore Jean-Baptiste Booker Lingam e del carismatico capitano Thomas Sankara ha deposto Jean-Baptiste Ouedraogo il 4 Agosto 1983, dopo di che hanno pronunciato Thomas Sankara il leader. Il 33enne Sankara ha continuato a diventare una figura di spicco nel gruppo di leader Africani che volevano dare al continente in generale, e ai loro paesi in particolare, una nuova dimensione sociopolitica priva delle catene del neocolonialismo, in particolare della prepotente Controllo Francese delle sue ex colonie e territori Africani.

Thomas Sankara, il carismatico leader di sinistra di un paese nel cuore dell'Africa occidentale è stato talvolta soprannominato "Tom Sank" ed è stato considerato da alcuni dei suoi ammiratori come un "Che Guevara Africano" anche prima di diventare capo dello stato del paese dopo il colpo di stato ideato dal suo amico Blaise Compaoré.

La spartizione dell'Africa

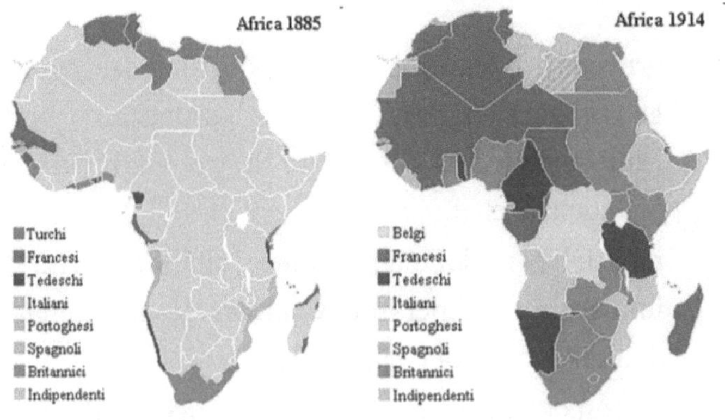

****

Un anno dopo aver assunto l'ufficio più alto della terra, Sankara iniziò i programmi più ambiziosi per il cambiamento sociale ed economico mai tentati in nessuno dei paesi del continente Africano. Ha cambiato il nome del paese dall'Alto Volta al Burkina Faso, che significa "la terra delle persone rette" in Mossi e Dyula, che sono le due lingue principali del paese. Ha anche inventato una nuova bandiera e un nuovo inno per il paese entusiasta. Il giovane presidente avrebbe orientato la politica del paese verso la lotta alla corruzione, il rimboschimento, la prevenzione della carestia e verso la realizzazione di priorità reali per l'istruzione e l'assistenza sanitaria per la nazione.

Le sue politiche interne concentrato su:

- prevenire la carestia con l'autosufficienza agraria e la riforma agraria che ha provocato portato l'autosufficienza alimentare a tre anni dalla sua presidenza
- fare dell'istruzione una priorità, che il governo stato implacabile nel perseguire attraverso una campagna di alfabetizzazione nazionale
- e promuovere la salute pubblica vaccinando 2, 500, 000 (2,5 milioni) di bambini contro la meningite, la febbre gialla e il morbillo.

Altri aspetti lodevoli della sua agenda nazionale includevano:

- la piantagione di oltre 10.000, 10.000 (dieci milioni) alberi, che ha contribuito notevolmente a fermare la crescente desertificazione del Sahel
- il raddoppio della produzione di grano ridistribuendo la terra dai proprietari feudali ai contadini
- la sospensione delle imposte sul reddito rurali e degli affitti domestici
- e l'avvio di un ambizioso programma di costruzione di strade e ferrovie per "legare insieme la nazione."

A livello locale, Sankara ha anche guidato l'unità per

ogni villaggio a costruire un dispensario medico e per oltre 350 comunità a costruire scuole usando il proprio lavoro.

Subito dopo essere salito al potere, è diventato il campione dell'emancipazione e dei diritti delle donne in Africa. In realtà, ciò è stato confermato dal suo divieto di mutilazione genitale femminile; la sua abolizione dei matrimoni forzati, dei matrimoni infantili e della poligamia; così come dalle sue politiche e dai suoi sforzi che incoraggiano le donne ad assumere posizioni di leadership nel governo e nella società, in particolare nominando le donne ad alte posizioni governative e incoraggiandole a lavorare fuori casa e a rimanere a scuola, anche se sono rimaste incinte. Quando ha scritto che:

"La rivoluzione e la liberazione delle donne vanno insieme. Non parliamo dell'emancipazione delle donne come un atto di carità o a causa di un'ondata di compassione umana. È una necessità fondamentale per il trionfo della rivoluzione. Le donne reggono l'altra metà del cielo. "

È stato un riflesso della sua determinazione a migliorare la qualità della vita delle donne nel suo paese e in Africa.

Sankara e Fidel Castro di Cuba

****

Sankara perseguì una politica estera che non perdonava l'imperialismo e incoraggiava la cooperazione basata sul rispetto e sul riconoscimento degli interessi del Burkina Faso, nonché dell'interesse delle altre parti che si occupano del Burkina Faso. Ciò ha visto il suo governo evitare tutti gli aiuti esteri, spingendo per la riduzione del debito in modo audace, nazionalizzando tutta la ricchezza di terre e minerali, evitando così il potere e l'influenza del Fondo Monetario Internazionale (FMI) e della sua istituzione finanziaria sorella la Banca Mondiale.

Uno dei motivi per cui le élite globali si aspettavano che il Burkina Faso continuasse a inchinarsi e sfuggire al suo ex padrone coloniale e alle istituzioni finanziarie internazionali era perché era uno dei paesi più poveri del mondo al momento. Ma Sankara era diverso. Era fermamente convinto che il paese potesse venire in giro e sostenersi senza aiuti stranieri. È persino arrivato a rifiutare i pacchetti di aiuti del Fondo monetario internazionale, "assistenza" fornita dall'organismo finanziario internazionale con le condizioni ad essi collegate che hanno compromesso la sovranità del Burkina Faso. Ha articolato questa posizione di indipendenza attraverso numerosi scritti, discorsi, interviste e altri scambi. Sfortunatamente, personificando la rettitudine in un periodo immediatamente successivo all'indipendenza degli anni '60, quando la maggior parte dei leader rivoluzionari, pan-Africanisti e audaci del continente erano stati uccisi, rovesciati e intimiditi o umiliati da minacce, sanzioni, sabotaggi e altre misure attive; Sankara sembrava essere una voce nel deserto. Pensò di aver trovato un forum per vendere la sua crociata durante il vertice dell'Organizzazione dell'Unità Africana del Luglio 1987, dove cercò di convincere i capi di stato di altri paesi Africani ad agire collettivamente e non pagare i loro debiti finanziari ai loro ex colonizzatori affermando quello:

"Le origini del debito risalgono alle origini del colonialismo ... Non possiamo rimborsare il

*debito perché non siamo responsabili di questo
debito. Al contrario, altri ci devono qualcosa che
nessun denaro può pagare. Vale a dire, il debito
di sangue ... "*

Anche se i rivoluzionari programmi di autosufficienza di
Sankara lo hanno trasformato in un'icona agli occhi di
molti poveri dell'Africa e hanno aumentato la sua
popolarità con la maggior parte dei cittadini poveri del
Burkina Faso, le sue politiche hanno minato gli interessi
acquisiti di una vasta gamma di gruppi (il La borghesia
Francofila Burkinabé, i capi tribali che si risentivano del
fatto che li privava dei loro privilegi tradizionali di lunga
data al lavoro forzato e al pagamento dei tributi, e la
Francia e il suo alleato in Costa d'Avorio sotto Félix
Houphouet-Boigny, che considerava un fantoccio di
Francia). Così, quando Blaise Compaoré orchestrò il suo
rovesciamento e il suo assassinio il 15 Ottobre 1987,
molte persone (Burkinabé e non Burkinabé) rimasero
chiedendosi se non lo vedesse arrivare. Dopotutto, una
settimana prima del suo assassinio, ha dichiarato che:

*"Mentre i rivoluzionari come individui possono
essere uccisi, non puoi uccidere le idee."*

La sua intuizione era in gioco, ma non sembrava essere
il tipo che era disposto a superare gli orrori di
investigare ed eliminare quelli con cui aveva lavorato a
stretto contatto. Come molte grandi figure della storia,
ha capito che il tradimento da parte di chi ti è vicino non

è colpa tua, soprattutto se tu, come leader, non hai mai nutrito intenzioni malvagie contro i tuoi collaboratori o compagni. In effetti, aveva una copia di un discorso con lui la mattina della sua morte che aveva preparato la sera prima, che aveva lo scopo di colmare le fratture ideologiche che stavano crescendo tra le fazioni in conflitto nel suo governo. Un estratto di ciò recita così: *"Qualunque siano le contraddizioni, qualunque siano le opposizioni, le soluzioni saranno trovate finché regnerà la fiducia..."* Ma quella mattina non riuscì a leggere quel discorso durante la riunione del consiglio perché gli spari delle mitragliatrici interruppero il procedimento poco prima che iniziasse, seguito da grida che ordinavano a tutti di uscire. Lasciò che i suoi ministri colpiti dalla paura sapessero che gli uomini armati lo stavano cercando, ordinò loro di restare fermi, alzò le mani in aria e poi uscì trovare le sue guardie del corpo che giacevano morte sulle scale. La squadra di soldati attaccanti gli ha aperto il fuoco in un lampo.

Quando la notizia dell'assassinio di Thomas Sankara il 15 Ottobre 1987 è uscita poco dopo che lui e altri dodici funzionari sono stati uccisi in un colpo di stato organizzato dal suo ex collega Blaise Compaoré, è stato accolto con indignazione, tristezza, apprensione e incredulità in tutto dei paesi del mondo. Ma da nessuna parte il dolore era grande come in Burkina Faso e nel resto dell'Africa, dove era considerato dalle masse come il faro della speranza in un continente dominato da leader con una disposizione malvagia, la maggior parte dei quali erano marionette di potenze straniere. Blaise

Compaoré non solo si assicurò che Sankara fosse sepolto in una tomba non contrassegnata, ma profanò ulteriormente l'eredità di Sankara invertendo la maggior parte delle sue politiche e riallineare il Burkina Faso con quei leader e paesi stranieri che erano ostili a Sankara, in particolare la Francia, l'ex maestro coloniale. Molte persone esperte di storia non hanno perso tempo nel confrontare Blaise Compaoré con il Bruto (Marco Giulio Bruto), un politico della Repubblica Romana che ha partecipato all'assassinio del suo caro amico, l'Imperatore Romano Giulio Cesare.

Il fatto che Blaise Compare avrebbe Henri Zongo e Jean-Baptiste Boukary Lingani, con i quali inizialmente aveva governato in un triumvirato, arrestato, accusato di complottare per rovesciare il governo, processato sommariamente e poi giustiziato nel Settembre 1989, dimostrò che Sankara era un membro fiducioso e fidato di quel gruppo che prese il potere nel 1983 e iniziò la Rivoluzione Burkinabé.

La ricerca di Sankara di realizzare i programmi più ambiziosi per il cambiamento sociale ed economico mai tentati nel continente Africano è finita come un sogno parzialmente realizzato, ma era una visione che la gente apprezza per aver suscitato le speranze della gioventù Africana. Oggi è una leggenda nel suo paese e in Africa trent'anni dopo la sua morte.

Antonio de Figueiredo, giornalista, attivista e emittente che ha fatto una campagna per la liberazione delle colonie Africane del Portogallo e che ha fatto più di chiunque altro per portare all'attenzione del mondo di lingua inglese in Angola, Mozambico, Guinea e Capo Verde, capito l'entità dell'influenza di Thomas Sankara quando scrisse nel Febbraio 2008 che:

> *"L'Africa e il mondo devono ancora riprendersi dall'assassinio di Sankara. Proprio come dobbiamo ancora riprenderci dalla perdita di Patrice Lumumba, Kwame Nkrumah, Eduardo Mondlane, Amilcar Cabral, Steve Biko, Samora Machel e, più recentemente, John Garang, solo per citarne alcuni. Mentre le forze malevoli non hanno usato gli stessi metodi per eliminare ciascuno di questi grandi Pan-Africanisti, sono stati guidati dallo stesso motivo: mantenere l'Africa in catene."*

Thomas Sankara, il rivoluzionario e di breve durata capo dello stato del Burkina Faso che ridusse il suo stipendio a $ 450 dollari, vendette la flotta governativa di auto Mercedes Benz, vietò l'allocazione di autisti per funzionari governativi e fece della Renault 5 l'auto ufficiale, fu commemorato in cerimonie che si sono svolte in Burkina Faso, Mali, Senegal, Niger, Tanzania, Burundi, Francia, Canada e Stati Uniti il 15 Ottobre 2007, venti anni dopo il suo assassinio. La leggenda Africana gravemente mancata che è stata eliminata dall'arena geopolitica dalle forze neocoloniali di questo mondo e dai loro burattini e compradore Africani, proprio quando ha iniziato a ravvivare il sogno del Pan-Africanismo, è stata esumata nel 2015, su richiesta della sua famiglia.

L'esumazione ebbe luogo un anno dopo l'insurrezione popolare che costrinse Blaise Compare a uscire dal potere e lo costrinse a fuggire dal Burkina Faso in esilio nella vicina Costa d'Avorio. La rabbia pubblica contro Blaise Compaore che si era creata dall'assassinio di Sankara nel 1987 si riversò nelle strade dopo il tentativo di Compaore del 2014 di cambiare la costituzione che gli avrebbe permesso di candidarsi nuovamente per la quinta volta e per altri due termini in quello che sono generalmente considerati travestimenti elettorali — una tendenza osservata nei regimi autoritari e ibridi, in particolare nell'Africa Francofona in cui le elezioni che si svolgono sono predeterminate, comportando un processo in cui il regime in carica falsa l'intero processo per apparire democratico, mascherando in tal modo l'autoritarismo dei loro sistemi politici sotto un sottile velo di legittimità elettorale. Il piano di gioco coinvolge anche i loro burattinai — i grandi poteri, di solito occidentali — che danno la loro approvazione alla mascherata con messaggi di congratulazioni ai capi di stato in carica o ai loro successori scelti, riconoscendo così efficacemente i risultati delle elezioni, e sostenendo il compradori e il sistema in atto contro l'interesse delle persone e del paese. Blaise Compaore stava cercando di emulare Paul Biya del Camerun (al potere dal 1982), che ha cambiato di nuovo la costituzione del paese nel 2008 per concedergli due mandati di sette anni in carica, e poi ha usato le sue forze di sicurezza per schiacciare i Camerunensi che è uscito per le strade per mostrare la loro disapprovazione, uccidendo 150 manifestanti nel processo; ma non era così astuto come la sua controparte Camerunese che era ancora più impopolare ma riuscì a cavarsela con la sua scommessa.

Un rapporto di autopsia condotto sui resti riesumati di Thomas Sankara rivelò che il rivoluzionario antimperialista morì per più di una dozzina di ferite da arma da fuoco. Ciò annullò l'affermazione debole secondo cui i suoi assassini lo uccisero per errore — il suo ex amico e successore più intimo Blaise Compaore cercò di convincere il mondo a credere che fosse quello che era successo. Come ha detto Ambroise Farama, uno degli avvocati che rappresentano la famiglia Sankara, è stato "... sbalorditivo ... Si potrebbe dire che è stato puramente e semplicemente crivellato di proiettili". Al contrario, le autopsie sui corpi degli altri 12 i soldati che furono uccisi e seppelliti con Sankara nel 1987 rivelarono di aver subito solo una o due ferite da arma da fuoco.

Il Burkina Faso ha ripristinato l'eredità di Thomas Sankara come rivoluzionaria, Pan-Africana, ambientalista, femminista e umanitaria con una statua di bronzo nella capitale di Ouagadougou nel Marzo 2019. Tuttavia, la statua è stata corretta un anno dopo, nel Maggio 2020, rendendolo così più imponente e più vero per la vita rispetto al precedente.

Una statua di Thomas Sankara nel Maggio 2020

Tre decenni dopo l'assassinio di Thomas Sankara, i giovani Africani che stanno cercando di orientarsi, riservano ancora un posto di rilievo all'icona rivoluzionaria Africana come una di quelle rare figure contemporanee che il continente ha prodotto che può essere salutato come modello e una figura con cui identificarsi. La sua eredità si sta espandendo rapidamente oltre l'Africa poiché sempre più persone lo riconoscono come un precursore della lotta ambientale, una figura di spicco nella causa contro il globalismo finanziario, un difensore del mancato pagamento di debiti illegittimi e un prototipo di sviluppo autosufficiente rispetto al modello liberale di sviluppo che avvantaggia solo una piccola minoranza.

È un dato di fatto, oggi, numerosi libri, articoli e altre opere d'arte glorificano la leggenda Africana altruista che si è assunto il colossale compito di mettere le persone in piedi e mostrare loro la strada per un futuro privo dell'influenza neocolonialista che è avvolto nel commercio, nella finanza e nelle culture importate che minano la forza dei valori comunalista Africani e la sacralità della famiglia.

Valutazioni Sulla Democrazia dei Paesi Africani

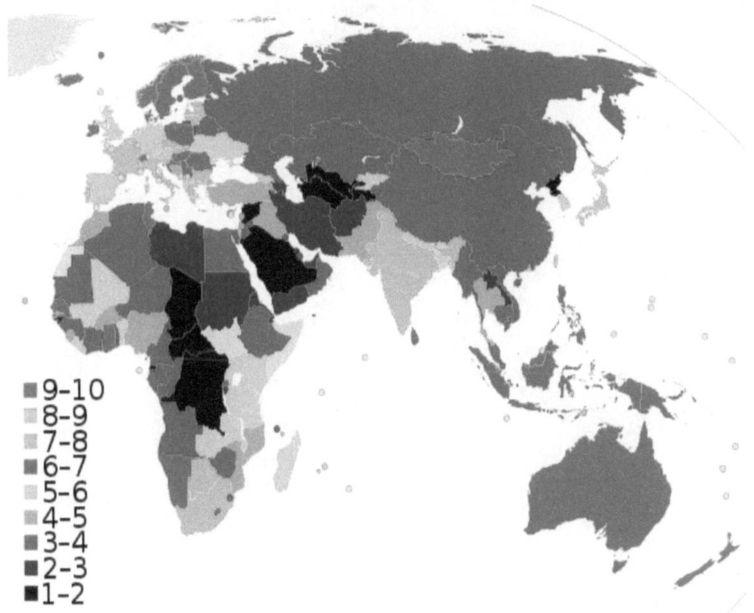

La Misura della Libertà dei Paesi del Mondo

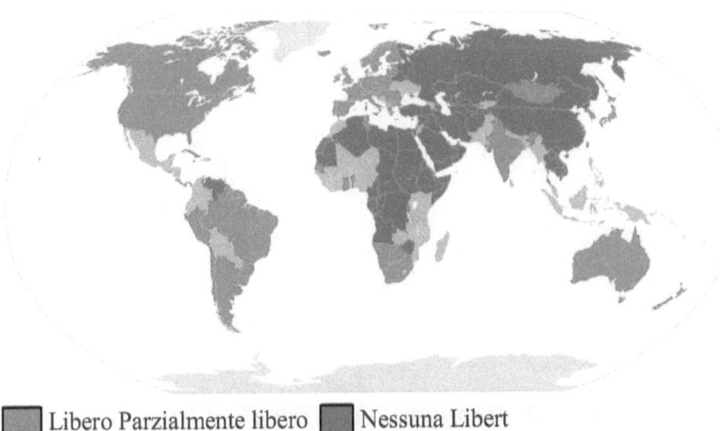

Mappa Politica dei Paesi Africani, 2000

JANVIER T. CHANDO

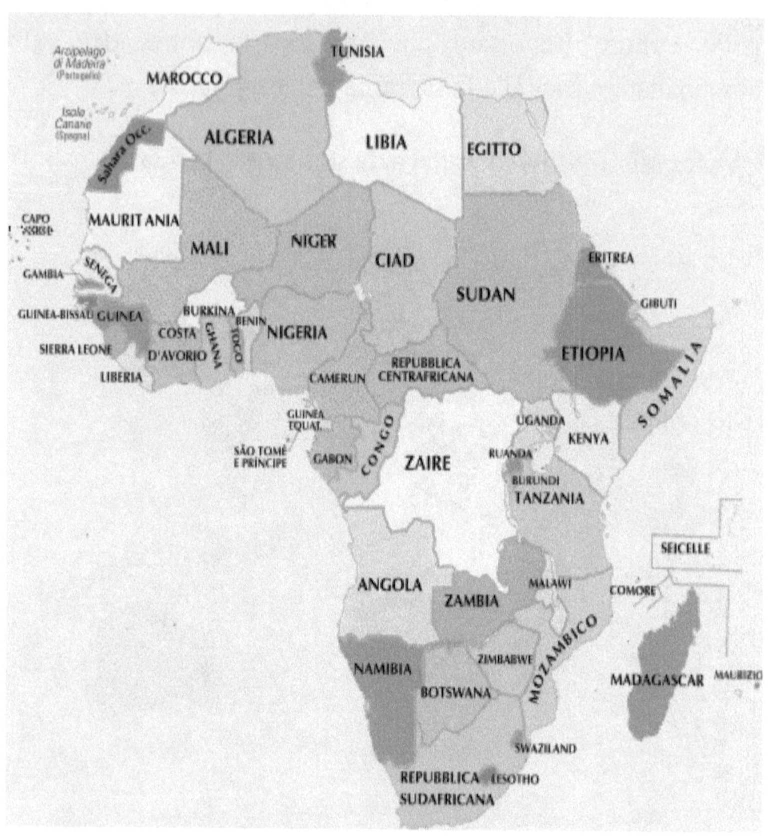

Indice di Democrazia: Africa e il Mondo

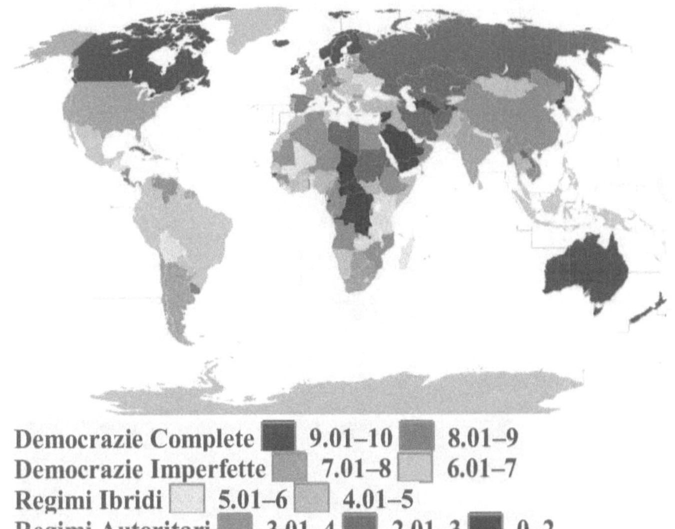

Democrazie Complete 9.01–10 8.01–9
Democrazie Imperfette 7.01–8 6.01–7
Regimi Ibridi 5.01–6 4.01–5
Regimi Autoritari 3.01–4 2.01–3 0–2

Capitolo Quattro

Muammar al-Gheddafi

Citazioni di Muammar Gheddafi

"Ci deve essere una rivoluzione mondiale che pone fine a tutte le condizioni materialistiche che impediscono alla donna di svolgere il suo ruolo naturale nella vita e la spinge a svolgere i compiti degli uomini al fine di essere uguali nei diritti."

"Le nazioni il cui nazionalismo viene distrutto sono soggette a rovina."

"La libertà dell'uomo è carente se qualcun altro controlla ciò di cui ha bisogno, poiché il bisogno può comportare la schiavitù dell'uomo."

"Una volta che un righello diventa religioso, diventa impossibile per te discutere con lui. Una volta che qualcuno governa in nome della religione, la tua vita diventa un inferno."

"Fai sapere alle persone libere del mondo che avremmo potuto contrattare e vendere la nostra causa in cambio di una vita personale sicura e stabile. Abbiamo ricevuto molte offerte in tal senso, ma abbiamo scelto di essere all'avanguardia dello scontro come distintivo del dovere e dell'onore."

"Non ho altro che disprezzo per l'idea di una bomba

islamica. Non esiste una bomba islamica o una bomba cristiana. Qualsiasi arma di questo tipo è un mezzo per terrorizzare l'umanità e siamo contrari alla fabbricazione e all'acquisizione di armi nucleari. Ciò è in linea con la nostra definizione di e opposizione al terrorismo."

"Non parteciperò a una cospirazione per mobilitare gli arabi contro i persiani. Solo le forze del colonialismo beneficiano di tale cospirazione. Non farò parte di una cospirazione che divide l'Islam in due — Islam sciita e Islam sunnita — mobilitando l'Islam sunnita contro l'Islam sciita."

"I tempi del nazionalismo e dell'unità araba sono passato per sempre. Queste idee che hanno mobilitato le masse sono solo una valuta senza valore. La Libia ha dovuto sopportare troppo dagli arabi per i quali ha versato sangue e denaro."

La Libia su una Mappa del Mondo

La Libia su una Mappa del Mondo Arabo

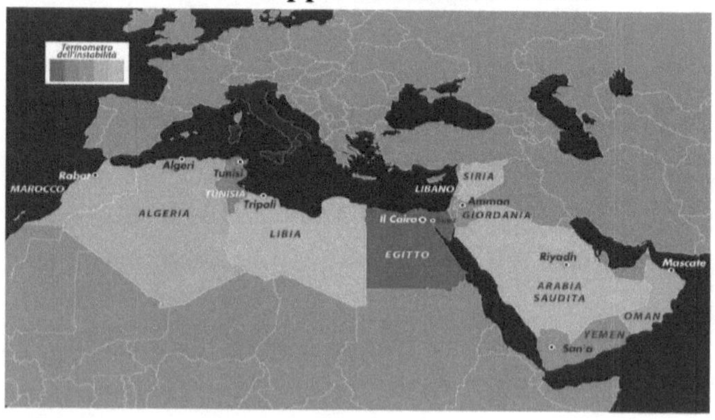

La Primavera Araba

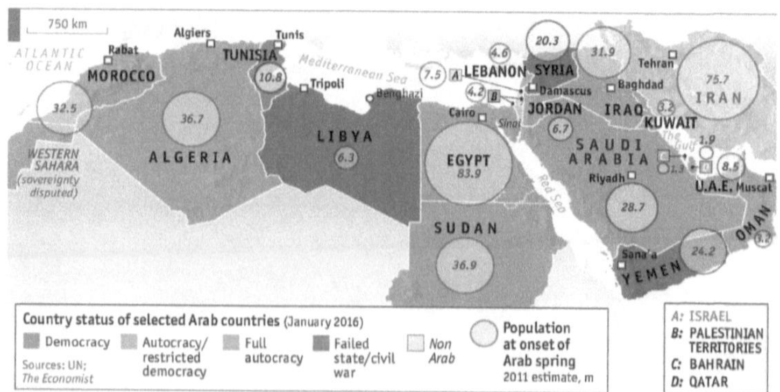

Mappa Politica dei Paesi Africani

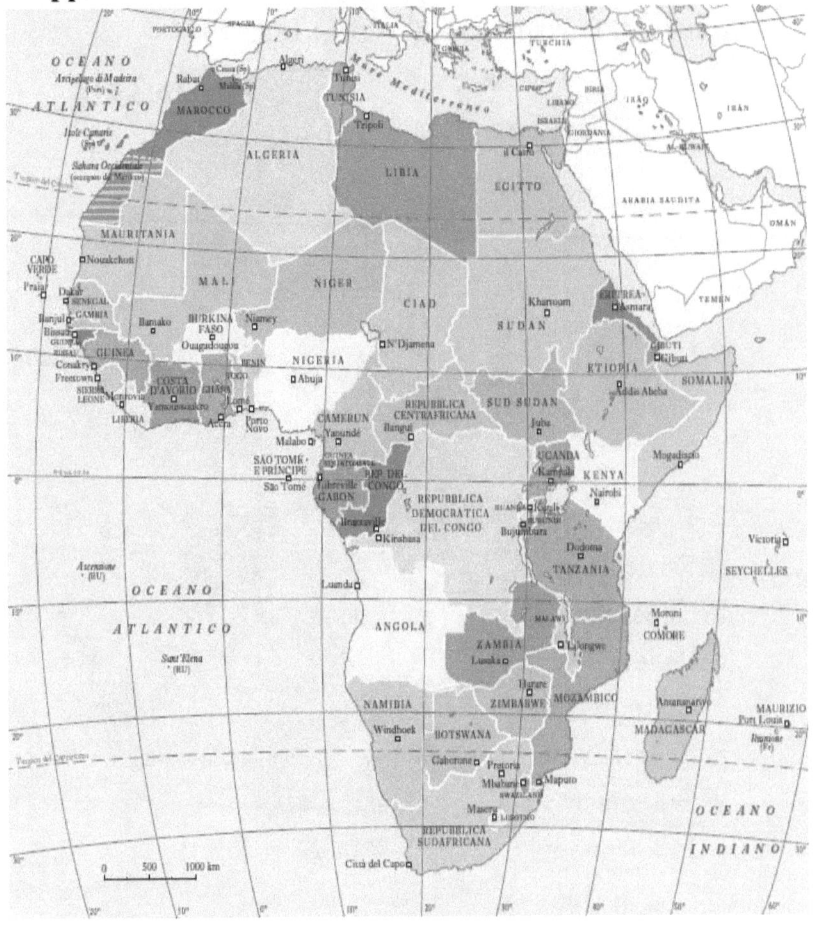

Mappa di Partizione dell'Africa: 1884-1914

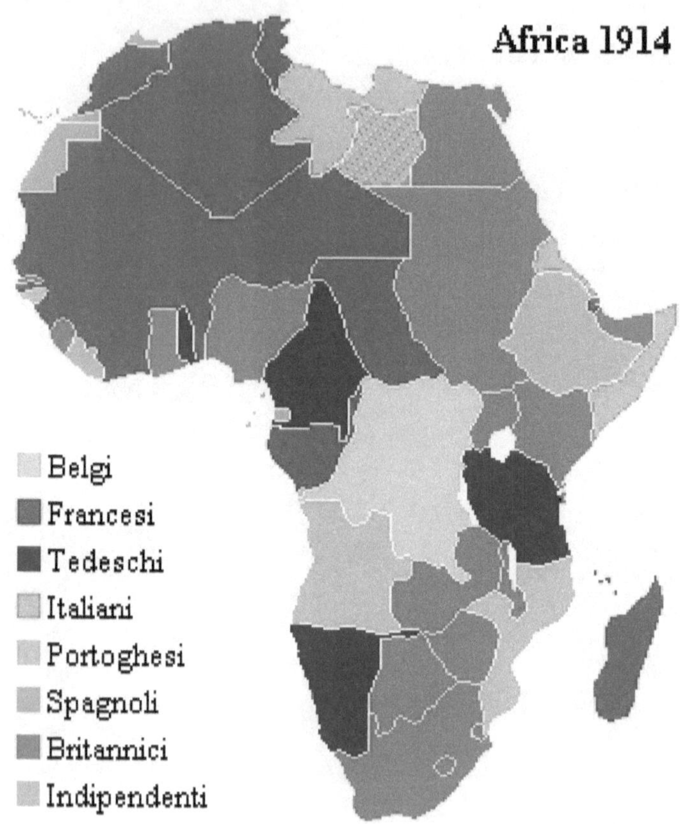

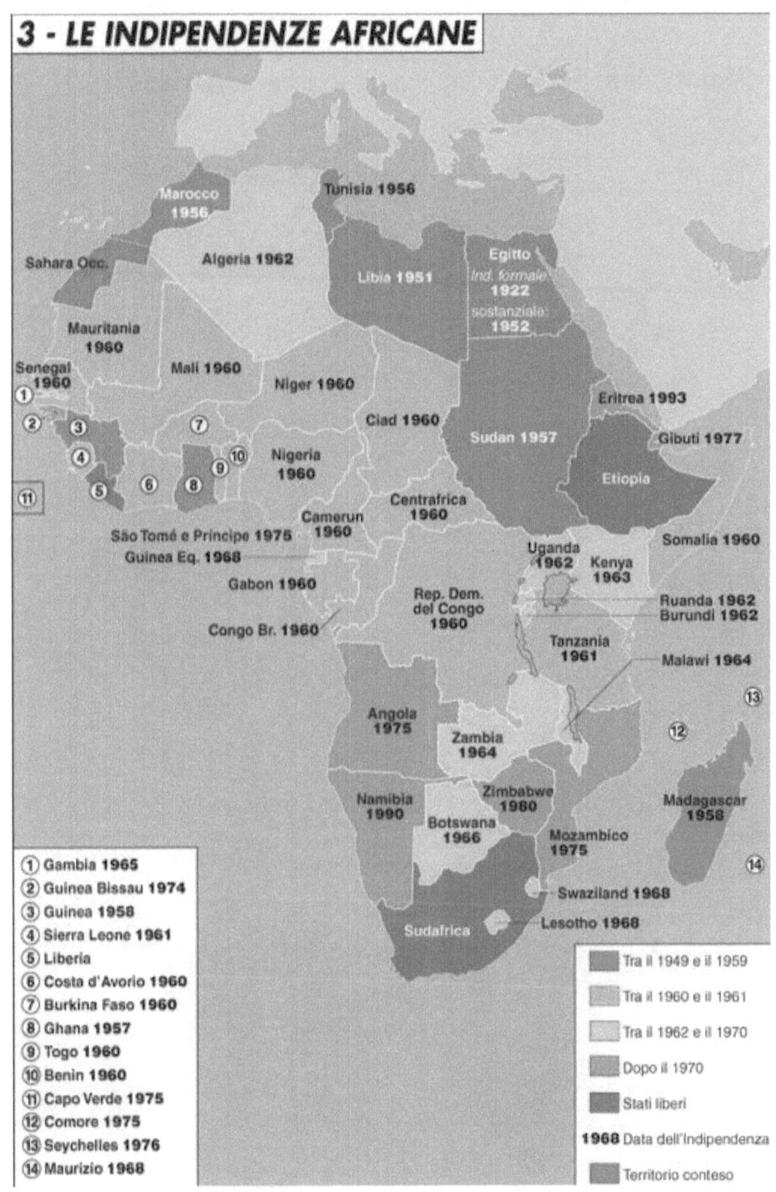
3 - LE INDIPENDENZE AFRICANE
Marocco 1956
Tunisia 1956
Algeria 1962
Libia 1951
Egitto
Ind. formale 1922
sostanziale: 1952
Sahara Occ.
Mauritania 1960
Senegal 1960
Mali 1960
Niger 1960
Ciad 1960
Eritrea 1993
Sudan 1957
Gibuti 1977
Etiopia
Nigeria 1960
Centrafrica 1960
Camerun 1960
Somalia 1960
São Tomé e Principe 1975
Guinea Eq. 1968
Gabon 1960
Uganda 1962
Kenya 1963
Rep. Dem. del Congo 1960
Ruanda 1962
Burundi 1962
Congo Br. 1960
Tanzania 1961
Malawi 1964
Angola 1975
Zambia 1964
Namibia 1990
Zimbabwe 1980
Botswana 1966
Mozambico 1975
Madagascar 1958
Swaziland 1968
Lesotho 1968
Sudafrica
① Gambia 1965
② Guinea Bissau 1974
③ Guinea 1958
④ Sierra Leone 1961
⑤ Liberia
⑥ Costa d'Avorio 1960
⑦ Burkina Faso 1960
⑧ Ghana 1957
⑨ Togo 1960
⑩ Benin 1960
⑪ Capo Verde 1975
⑫ Comore 1975
⑬ Seychelles 1976
⑭ Maurizio 1968
Tra il 1949 e il 1959
Tra il 1960 e il 1961
Tra il 1962 e il 1970
Dopo il 1970
Stati liberi
1968 Data dell'Indipendenza
Territorio conteso

JANVIER T. CHANDO

Valutazioni Sulla Democrazia dei Paesi Africani

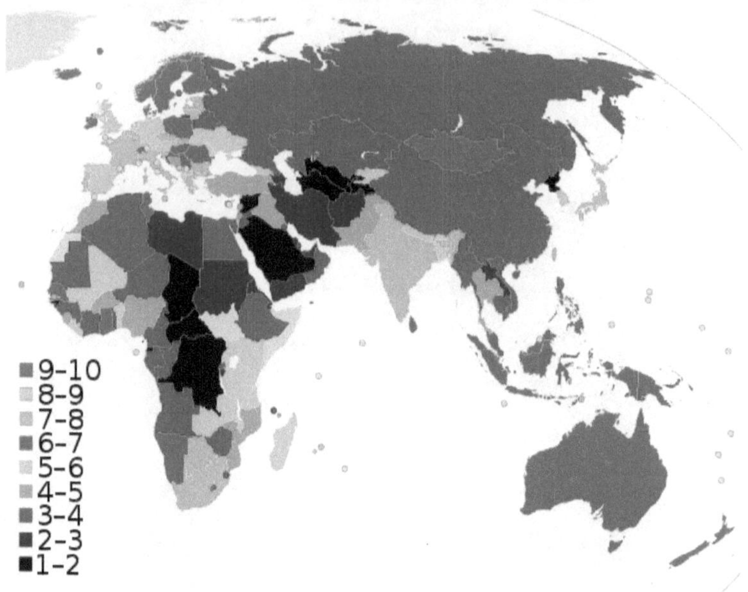

La Misura della Libertà dei Paesi del Mondo

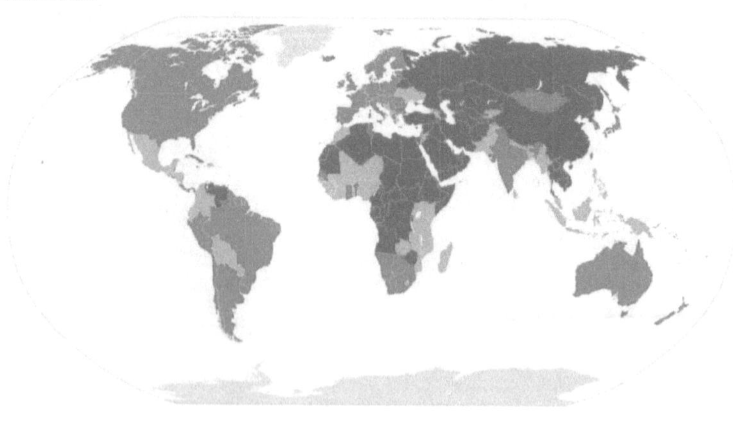

Per un po' 'di più, la storia di Muammar al-Gheddafi continuerà ad apparire nei principali discorsi politici in Africa e Medio Oriente; e la sua vita e soprattutto la sua morte sarebbe, di tanto in tanto, essere fonte di soddisfazione, irritazione, polemiche, rancore, rabbia e disgusto nel resto del mondo.

In che modo questa figura di divisione che ha dominato la politica libica per quattro decenni, che ha sostenuto l'unità araba e poi Africana, che ha apportato miglioramenti significativi alla qualità della vita dei libici, rendendoli così l'invidia del resto dell'Africa, e che è stato lodato da alcuni per la sua posizione antimperialista, finito isolato, perseguitato e cacciato dalla NATO (Organizzazione del Trattato del Nord Atlantico) e infine ucciso dai libici in una guerra civile in cui i suoi nemici stranieri hanno combattuto con i ribelli libici? Perché è stato fortemente opposto dai fondamentalisti islamici, condannato dalle potenze occidentali come un dittatore che ha violato i diritti umani del suo popolo e finanziato il terrorismo globale, e perché è stato tenuto dalla larga da coloro con cui voleva lavorare?

Di seguito possiamo trovare alcune delle risposte dall'account.

****

Il controverso Muammar al-Gheddafi, che fu il capo di stato più longevo in Africa fino alla sua estromissione e morte il 20 Ottobre 2011, nacque il 7 Giugno 1942 da una famiglia tribale chiamata al-Gheddafa nell'insediamento costiero centrale di Sirte, in Libia in un'epoca in cui la Libia era una colonia Italiana. Quando nel 1951, la Libia ottenne l'indipendenza come Regno Unito di Libia e come monarchia costituzionale ed ereditaria sotto il Re alleato occidentale Idris; Gheddafi sapeva a malapena cosa stesse succedendo intorno a lui. Tuttavia, il movimento nazionalista Arabo lo influenzerebbe notevolmente da giovane, e ammirerebbe il suo leader, il forte Egiziano Gamal Abdel Nasser, al punto che decise di diventare un soldato come il suo eroe Egiziano, un sogno che realizzò entrando il collegio militare nella città libica orientale di Bengasi nel 1961. Alla fine, avrebbe trascorso quattro mesi di addestramento militare nel Regno Unito.

La spartizione dell'Africa

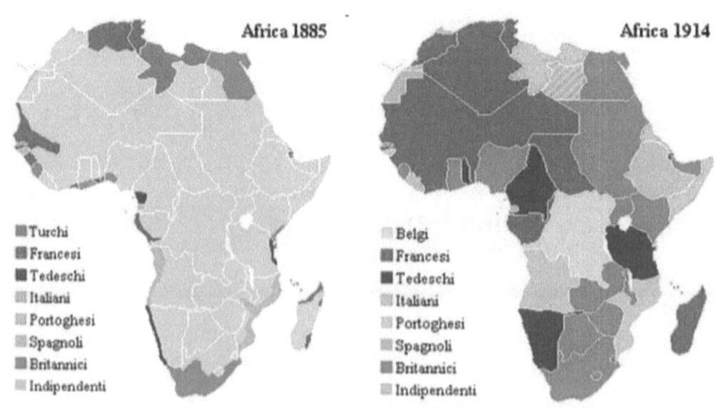

Gheddafi è cresciuto costantemente tra i ranghi dell'esercito Libico mentre lo sfruttamento del petrolio ha portato ricchezza nel paese. Tuttavia, la disaffezione è cresciuta per l'aumento della concentrazione della ricchezza della nazione nelle mani del Re Idris. Fu durante questo periodo che il talentuoso e carismatico Gheddafi fu coinvolto in un movimento di giovani ufficiali intenzionati a rovesciare il re. Alla fine, sarebbe salito al potere nel gruppo, alla posizione di comando. Il 1° Settembre 1969, il gruppo rovesciò Re Idris mentre si trovava all'estero in Turchia per cure mediche e nominò Gheddafi comandante in capo delle forze armate e presidente del Consiglio di comando rivoluzionario — il nuovo organo di governo della Libia, rendendolo effettivamente il sovrano della Libia all'età di ventisette anni.

Una delle prime misure prese dalle nuove autorità per timbrare la loro autorità sul paese Nord-Africano fu l'immediata chiusura delle basi militari Americane e Britanniche in Libia e la loro forte richiesta che le compagnie petrolifere straniere nel paese condividessero una percentuale maggiore di entrate con Libia. Nello stesso anno proibirono la vendita di alcolici e sostituirono il calendario gregoriano con quello islamico.

Un tentativo fallito di colpo di stato da parte dei suoi colleghi ufficiali nel Dicembre 1969, farebbe Gheddafi a mettere in atto leggi che criminalizzavano il dissenso politico. Avrebbe continuato a espellere i rimanenti Italiani dalla Libia nel 1970 e ha sottolineato ciò che vedeva come una battaglia tra il nazionalismo Arabo e l'imperialismo occidentale. Ciò lo vedrebbe anche come molto vocale nella sua opposizione al sionismo e Israele, culminando nella sua espulsione della comunità Ebraica dal paese. Mentre le relazioni con l'Occidente si inasprivano sempre di più, la cerchia interna di persone di fiducia di Gheddafi divenne sempre più piccola, risultando in uno stato di polizia i cui agenti di intelligence erano abbastanza audaci da persino inseguire i libici che vivevano in esilio che si riteneva lavorassero con i nemici dello stato Libico.

I primi anni del dominio di Gheddafi lo hanno visto fare vigorosi tentativi di orientare la Libia lontano dall'Occidente e verso il Medio Oriente e l'Africa. Tuttavia, la Libia entrerebbe in un conflitto militare con l'Egitto e il Sudan dopo che questi due paesi si inclinarono verso l'Occidente in seguito alla firma dell'accordo di pace Egiziano-Israeliano tra il successore di Nasser Anwar Sadat e il primo ministro di destra di Israele Menachem. La Libia sarebbe persino coinvolta nella sanguinosa guerra civile in Ciad contro la fazione filo-Francese nel conflitto.

****

Quando negli anni '70 Gheddafi pubblicò il primo volume del Libro verde, che è un lavoro in tre volumi che descrive i problemi inerenti alla democrazia e al capitalismo liberali, sollevò molte sopracciglia perché i suoi avversari lo vedevano come più di una spiegazione della sua filosofia politica. In effetti, il libro mirava a promuovere le sue politiche come rimedio ai problemi delineati. Le sue altre affermazioni secondo cui la loro Nuova Libia vantava comitati popolari e proprietà condivisa, suscitò preoccupazioni in diversi settori, anche se le idee nel libro non si riflettevano sul terreno in Libia come ha affermato.

Anche se il tenore di vita del Libico medio sotto il suo dominio divenne migliore al punto da essere il più alto in Africa, i nemici stranieri di Gheddafi non furono i soli a notare una dose di eccentricità nel suo stile di governo. Il fatto che avesse un gruppo di guardie del corpo femminili con i tacchi anche se la Libia era un paese Musulmano arroccato in una regione in cui le questioni dei diritti delle donne erano ancora un arretramento sociale; il fatto che si considerasse il Re dell'Africa dopo che alcuni leader Africani avevano apprezzato la sua spinta verso un'Unione Africana e gli avevano conferito il titolo; il fatto che era noto per erigere una tenda dove stare ogni volta che viaggiava all'estero; il fatto che indossasse abiti che, sebbene riconoscibili in diverse parti dell'Africa, non corrispondevano alla norma diplomatica; il fatto che non era politicamente corretto e spesso parlava in un mondo in cui la maggior parte dei leader preferiva tenere le cose sotto controllo; e il fatto che non avrebbe lasciato che la Libia diventasse il vassallo di nessuno dei grandi poteri, lo rendeva un cannone libero in molti circoli del potere.

Da sinistra a destra: Gheddafi, Yasser Arafat dell'Organizzazione per la liberazione della Palestina, egiziano Abdel Nasser e il Re di Giordania Hussein bin Talal (1970)

Ronald Reagan, il 40 ° presidente degli Stati Uniti d'America, avrebbe chiamato Gheddafi "Il cane pazzo del Medio Oriente" dopo aver concluso che il leader Libico non era solo spietato nel reprimere il dissenso contro il suo governo autocratico a casa mentre i suoi agenti cacciavano e ucciso gli oppositori all'estero, il suo governo è stato anche coinvolto nel finanziamento di molti gruppi anti-occidentali in tutto il mondo, compresi i gruppi considerati organizzazioni terroristiche come il Baader Meinhof di Germania, la Brigata rossa giapponese, il Partito Repubblicano irlandese e i numerosi Palestinesi gruppi che combattono contro Israele. Il fatto di aver sostenuto anche diversi movimenti di liberazione in Africa come l'*African National Congress (ANC—* Congresso Nazionale Africano) nella sua campagna contro l'Apartheid in Sud

Africa, l'MPLA contro il maestro coloniale Portoghese in Angola, il FRELIMO contro il dominio coloniale Portoghese in Mozambico, SWAPO contro il dominio coloniale Sud-Africano in Namibia e POLISARIO contro l'occupazione Marocchina di l'ex Sahara occidentale Spagnolo, sfidando il desiderio collettivo del popolo del territorio e della comunità internazionale; e il fatto che finanziasse colpi di stato contro capi di stato Africani che considerava marionette occidentali, lo rendeva irritante nel mondo delle "nazioni civili."

A seguito di un bombardamento del 1986 di una discoteca di Berlino Ovest in Germania che uccise tre persone e ferì decine di persone, gli Stati Uniti d'America accusarono la Libia per l'attacco terroristico e gli Stati Uniti. Il presidente Ronald Reagan ordinato il bombardamento di obiettivi specifici in Libia, inclusa la residenza di Gheddafi nella città di Tripoli, la capitale della Libia. Nella campagna, gli Stati Uniti hanno perso un aereo che è stato abbattuto, provocando la morte di due membri dell'equipaggio. Gheddafi non è stato ucciso nella campagna militare, ma la Libia ha perso 45 soldati e funzionari e 15-30 civili, tra cui una giovane ragazza affermata da Gheddafi, essere sua figlia adottiva chiamata Hanna. Inoltre, dozzine di hardware militare del Paese Nord-Africano furono distrutte.

La Libia è stata accusata di aver effettuato l'attentato di Lockerbie del 1988 quando un aereo che trasportava 259 persone è esploso vicino a Lockerbie, in Scozia, uccidendo tutti i passeggeri a bordo. I detriti che cadono risultanti ucciderebbero altri 11 civili sul terreno. Le

Nazioni unite hanno messo la Libia sotto sanzioni sulla base del fatto che è stato implicato nel bombardamento. Ma non era tutto. Si riteneva inoltre che diversi libici, tra cui un suocero di Gheddafi, fossero alla base dell'esplosione dell'aereo passeggeri Francese UTA Flight 772 nel 1989, uccidendo tutti i 170 passeggeri a bordo dell'aereo, tra cui Bonnie Barnes Pugh, moglie di Robert L. Pugh, l'ambasciatore degli Stati Uniti nella Repubblica del Ciad, che è il principale vicino meridionale della Libia.

C'è una scuola di pensiero secondo cui il riavvicinamento che ebbe inizio negli anni '90 tra la Libia e l'Occidente avvenne a causa dei figli di Gheddafi, che erano riusciti a convincere il leader Libico che tutto sarebbe andato bene se avesse aggiustato i legami con le potenze occidentali. Tuttavia, il disgelo della relazione tra Gheddafi e l'Occidente stava avvenendo in un momento di crescente minaccia da parte degli islamisti che si opponevano al suo dominio. Ha iniziato a condividere informazioni con i servizi di intelligence Britannici e Americani su come contenere e neutralizzare questo crescente fondamentalismo islamico.

Così, quando nel 1994, il nuovo presidente del Sud Africa e capo del partito al potere del Paese (Congresso Nazionale Africano — ANC) Nelson Mandela (aveva trascorso 27 anni nella prigione dell'apartheid prima della sua liberazione nel 1990 che ha iniziato il processo pacifico nello smantellamento dell'apartheid) ha visitato la Libia anche se il paese Nord-Africano era soggetto a un divieto di viaggio internazionale, le potenze occidentali non ne erano contente. Tuttavia, Nelson Mandela persuase il leader Libico a consegnare i due cittadini libici che gli Stati Uniti d'America e i suoi alleati occidentali sospettavano di aver pianificato l'attentato di Lockerbie. Il mondo fu sorpreso che Gheddafi accettasse di farlo. Il leader Libico si fidava di Nelson Mandela, che in realtà era l'unico leader straniero a visitare la Libia durante l'embargo di due decenni sul paese e un decennio di divieto di volo. L'ex prigioniero e presidente politico Sud-Africano a quel tempo fece il difficile viaggio per terra dall'Egitto alla Libia, apprezzando il fervido sostegno della Libia alle forze anti-apartheid Sud-Africane nella loro lotta contro la regola della minoranza bianca del sistema dell'apartheid in Sud-Africa. L'icona anti-apartheid e la rinomata visita dello statista Sud-Africano segnarono l'inizio del rammendo delle relazioni con l'Occidente su molti fronti, e apparvero a molti, per annunciare una nuova era nelle relazioni Libico-occidentali. In effetti, è stato negli anni '90 che Gheddafi ha smesso di dare sostegno finanziario, materiale e umano ai vari movimenti panarabici e Pan-Africani, in particolare ai gruppi Palestinesi. Invece, si è concentrato sull'ottenimento di sanzioni contro la Libia revocate. Alcuni sostengono che abbia rinunciato ai Palestinesi dopo che l'Organizzazione di liberazione Palestinese di Yasser Arafat (OLP) non lo ha informato dei negoziati segreti che stavano conducendo con gli Israeliani che alla fine hanno portato alla firma degli accordi di Oslo I del 13 Settembre 1993 sul raggiungimento di una pace accordo tra Israele e i Palestinesi. Il suo stato di paria in quel momento derivava principalmente dalle azioni della Libia a sostegno dei Palestinesi.

****

L'11 Settembre 2001, gli attacchi terroristici negli Stati Uniti d'America altererebbero il panorama geostrategico del mondo, soprattutto quando George W. Bush, il 43 ° presidente degli Stati Uniti d'America, dichiarò che "O sei con noi o sei contro di noi." Fu sussurrato in alcuni ambienti alti poco dopo quegli attacchi che gli Stati Uniti intendevano abbattere i regimi in quei paesi che George Bush accusava di essere" l'Asse del Male ", che comprendeva Iran, Iraq, Corea del Nord, Cuba, Libia, Sudan e Siria. Quindi, quando la Libia si è pacificamente risolta con gli Stati Uniti d'America nel Dicembre 2003 per eliminare il suo programma di armi di distruzione di massa, incluso un programma di armi nucleari vecchio di decenni, molte persone hanno dubitato dell'affermazione del leader Libico secondo cui la sua ragione per volere il programma demolito era perché non voleva che i terroristi si impossessassero di quelle armi. Sostenevano invece che Gheddafi si fosse sbarazzato del suo programma di armi di distruzione di massa a causa delle minacce fatte dagli Stati Uniti d'America che non poteva sopportare, e così cedette alle richieste Americane e così li placarono.

Mappa Politica dei Paesi Africani, 2000

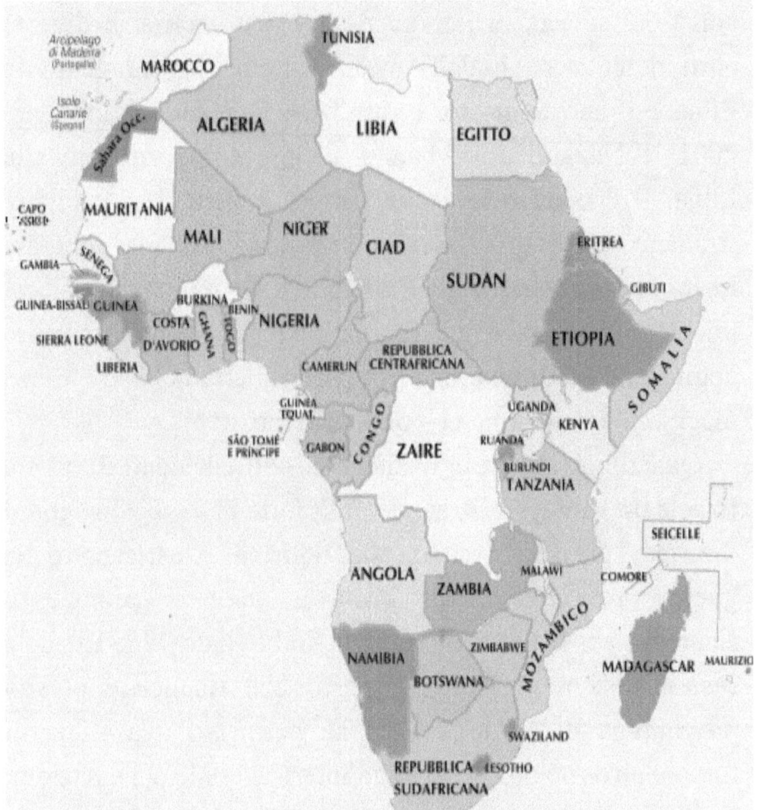

Molti critici di Gheddafi non erano contenti che il leader Libico fosse accolto nelle capitali occidentali. Quando il Primo Ministro Italiano Silvio Berlusconi si è vantato pubblicamente di essere tra gli amici intimi di Gheddafi, molti critici dell'uomo forte Libico si sono chiesti se la nuova amicizia di Gheddafi e dell'Occidente non fosse basata sugli affari e sull'accesso al petrolio Libico.

Per anni, i figli di Gheddafi, e in particolare suo figlio ed erede, Seif al-Islam Gheddafi, si mescolarono liberamente con l'alta società di Londra e altre alte società in diverse parti dell'Europa e dell'America. Come per premiare la Libia e il suo uomo forte per "aver cambiato strada", nel 2001 le Nazioni unite hanno alleggerito le sanzioni alla Libia, il che ha reso facile per le compagnie petrolifere straniere elaborare nuovi contratti redditizi per operare liberamente nel paese. Il risultato non fu solo una massiccia iniezione di capitale in Libia, ma anche un miglioramento degli standard di vita, una maggiore libertà nel paese e una maggiore esposizione al mondo esterno.

Quando alcuni arabi hanno accusato Gheddafi di dare a Israele un vantaggio strategico più forte nella regione con il disarmo, di dare credito alla dottrina Americana della guerra preventiva e di non aver ottenuto garanzie di sicurezza per la Libia e il mondo Arabo, il governo Libico e i suoi sostenitori hanno risposto che rinunciare al suo programma di armi nucleari ha permesso alla Libia di tornare all'ovile della comunità internazionale delle nazioni, ottenere un seggio temporaneo del Consiglio di sicurezza delle Nazioni unite e risparmiare un po' 'di soldi per investire nel popolo Libico e nello sviluppo del paese.

Molti sostenitori di Gheddafi, specialmente in Africa, ritengono che Gheddafi abbia attinto alla rinascita economica della Libia nel capitale politico nel continente e abbia iniziato a promuovere la rapida realizzazione di un'Unione economica Africana con una valuta sostenuta dall'oro chiamata Dinar quello avrebbe effettivamente ridotto il prepotente ruolo neocolonialista della Francia nell'Africa Francofona, rendendolo così intollerabile agli occhi della Francia e dei suoi alleati occidentali. Tuttavia, i suoi critici pensano che la sua regola dittatoriale, l'ostinazione e l'incapacità di adattarsi al clamore per la democrazia e la libertà scatenato la protesta contro il suo dominio, una richiesta di un cambiamento fondamentale del sistema che degenerato in una rivolta, e poi in un civile guerra.

****

Gheddafi inizialmente pensava che la primavera araba, iniziata nella vicina Tunisia orientale della Libia nel Gennaio 2011, per poi diffondersi nel suo vicino occidentale, l'Egitto, il mese successivo, provocando l'espulsione di Zine El Abidine Ben Ali e Hosni Mubarak della Tunisia e dell'Egitto e Libia, rispettivamente. Ma non è questo il caso. Era al potere da quattro decenni e non poteva essere insensibile all'opposizione. I cambiamenti politici nei vicini orientali e occidentali della Libia aumentato il morale dei cittadini dei vari paesi arabi per protestare. In Libia, scoppiarono manifestazioni nella città orientale di Bengasi, che è la seconda città più grande della Libia, nota per la sua storia di opposizione alla capitale Tripoli, e poi si diffuse in tutta la Libia, nonostante le misure di carote e bastoncini adottate da Gheddafi regime per ridurre la situazione.

Le prime misure indecise di Gheddafi hanno incoraggiato i manifestanti e lo stallo si è rapidamente degenerato in una rivolta armata. I suoi critici lo accusarono di intensificare la situazione, di aver eseguito una sanguinosa repressione e di aver usato mercenari stranieri. Gheddafi da parte sua ha affermato che i manifestanti erano traditori, stranieri, seguaci di al-Qaeda e tossicodipendenti. Ha esortato i suoi sostenitori a continuare la lotta contro la nuova resistenza.

Alla fine di Febbraio 2011, i ribelli avevano formato un organo di governo chiamato Consiglio nazionale di transizione nel Febbraio 2011. Alla fine di Marzo, una coalizione NATO a guida Francese ha iniziato a fornire supporto alle forze ribelli sotto forma di attacchi aerei e una zona di divieto di volo, con supporto logistico fornito dagli Stati Uniti. L'intervento militare della NATO nei prossimi sei mesi distrutto l'aeronautica libica e decimato le forze armate del paese, cosicché la maggior parte di coloro che combattevano per Gheddafi finirono per essere persone che non avevano alcun legame con l'esercito regolare. Gli attacchi della NATO si sono rivelati decisivi in quanto una città libica dopo l'altra è caduta in mani ribelli e quando un attacco aereo ha ucciso il figlio più giovane Saif al-Arab Gheddafi, e tre dei suoi nipoti come leader Libico e sua moglie, Safiya, stavano partecipando a un raduno di famiglia e amici ospitati dal figlio Said al-Arab.

Quando nel Giugno 2011, la Corte penale internazionale ha emesso mandati di cattura per Gheddafi, suo figlio Seif al-Islam e suo cognato per i crimini contro l'umanità, il mondo ha capito che i poteri che erano stati completati hanno rinnegato Gheddafi e che non c'era futuro per il suo regime. Quando un mese dopo le accuse, più di 30 paesi hanno riconosciuto l'NTC come il governo legittimo della Libia, si è capito che Gheddafi aveva perso la guerra civile.

La capitale Tripoli cadde in mano alle forze ribelli alla fine di Agosto 2011, causando una fine simbolica del dominio di Gheddafi mentre si ritirava a Sirte, la sua città natale, anche se la maggior parte dei suoi nemici non potevano dire con certezza dove si trovasse. Aveva sostanzialmente perso il controllo della Libia, ma non si poteva accertare dove si trovasse.

Quindi, quando il 20 Ottobre 2011, il mondo venne a sapere che Muammar Gheddafi era morto vicino alla sua città natale di Sirte, in Libia dopo un attacco aereo della NATO sul suo convoglio lo costrinse a nascondersi in un fossato, da dove fu scoperto dai combattenti che procedettero ucciderlo; molte persone trovato le notizie inquietanti. Tuttavia, è emerso video che mostrano il corpo insanguinato di Gheddafi trascinato in giro dai combattenti ribelli, quindi il suo cadavere in mostra, gli ultimi momenti dal vivo dell'altro figlio Mutassim Gheddafi e, successivamente, il corpo senza vita di Mutassim dopo essere stato giustiziato.

Mentre la notizia della morte di Gheddafi si diffuse in giro, spronando molti libici a riversarsi nelle strade per celebrare ciò che molti di loro salutarono come il culmine della loro rivoluzione e l'inizio di un nuovo capitolo della loro storia, altri lo videro come prova che le ex potenze coloniali che non avevano a cuore gli interessi del popolo Libico, era riuscito a sconfiggere un grande baluardo contro lo sfruttamento e il controllo stranieri ulteriori o continui della Libia e dell'Africa. Questo sentimento è stato profondamente sentito in Medio Oriente, e in particolare in Africa, dove le notizie avevano raggiunto molte persone nei paesi lì che Gheddafi aveva nascosto l'oro e l'argento per un valore di oltre $ 7 miliardi, che intendeva utilizzare per stabilire una valuta Pan-Africana basata sul dinaro dorato Libico, una valuta che avrebbe fornito ai paesi dell'Africa Francofona una valuta alternativa al Franco Francese (CFA) che è considerato in molti circoli come uno degli strumenti di sfruttamento e strangolamento Francese dei suoi ex colonie e territori in Africa.

Mappa Etnica e Tribale della Libia

Divisione Fazionale Postbellica della Libia

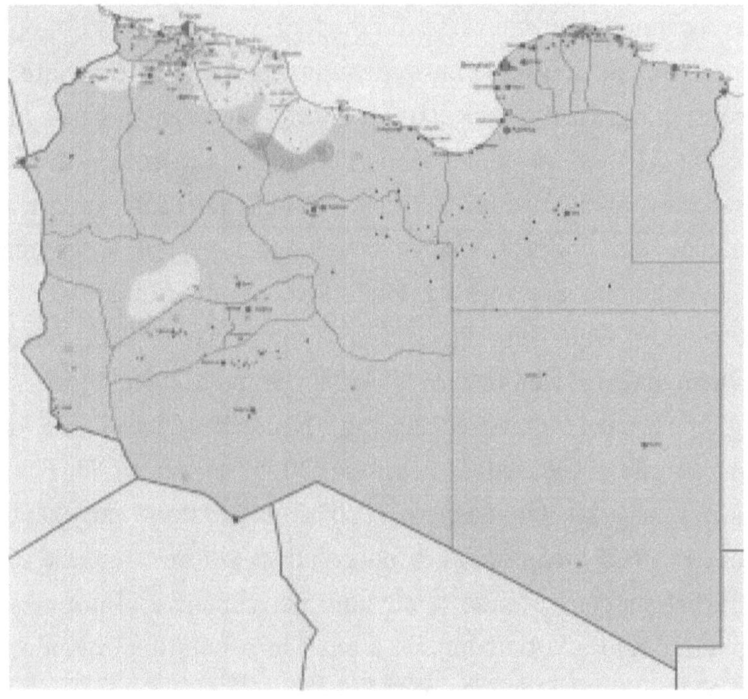

Aree controllate dall'esercito nazionale Libico

Aree controllate dallo scudo Libico (subordinate al governo di unità nazionale)

Aree controllate dai ribelli (subordinate al governo di salvezza nazionale)

Aree controllate dallo Stato islamico

Aree controllate dai Sovietici Mujahideen, dalla Shura a Derna, Bengasi e Ajdabiya

Aree controllate dalle forze locali

Aree controllate da Tuaregs

I media (specialmente in Medio Oriente) ipotizzato che il rovesciamento e l'uccisione di Gheddafi renderebbero l'Iran, la Corea del Nord e forse altri paesi più riluttanti a rinunciare ai propri programmi nucleari e / o armi nucleari a causa del rischio di essere indebolito e / o di incrocio doppio successivamente. Molti in Africa hanno accusato le grandi potenze dei doppi standard, chiedendosi perché le potenze occidentali stavano massaggiando spalle con dittatori Africani come Paul Biya del Camerun (al potere dal 1982), i Bongi (Omar, dal 2 Dicembre, 1967 - 08 Giugno , 2009, e ora suo figlio Ali dal 16 Ottobre 2009), gli Eyademi (Gnassingbé, dal 14 Aprile 1967 al 5 Febbraio 2005, e suo figlio Faure Essozimna dal 04 Maggio 2005), i dittatori che hanno impoverito il loro popolo, sono odiati in le loro società e che flagrantemente truccano le elezioni per rimanere al potere — un sacrilegio alla democrazia a cui i loro burattinai chiudono un occhio o danno le loro benedizioni.

Mentre la Libia post Gheddafi continua a essere coinvolta nella violenza otto anni dopo la sua morte, mentre gli islamisti armati rendono ingovernabile il paese, poiché i signori della guerra e le milizie armate abbondano e creano una situazione che rende la Libia una raccolta di feudi, mentre regnano due governi rivali nel paese, molte persone si stanno ancora chiedendo se la Libia sarebbe in grado di trovare presto un sistema funzionante che è migliore della regola del Muammar Gheddafi pesantemente difettoso, assetato di potere, spietato ma patriottico che non è riuscito a lasciare un'eredità pacifica che potrebbe essere emulato dalle generazioni future, un fallimento che sta rendendo possibile per le forze straniere che lui ha ardentemente desiderato tenere fuori dalla Libia per avere una mano libera nel modellare o non riuscire a plasmare il futuro del paese.

L'effetto a catena della guerra civile libica si diffuse nell'Africa settentrionale e occidentale, mentre migliaia di combattenti, per lo più etnici tuareg del Mali e del Niger, che hanno sostenuto Gheddafi o NTC durante il conflitto, sono tornati nei loro paesi d'origine con una vasta gamma di armi e munizioni, innescando una scia di conflitti civili in Niger, Mali, Algeria, Nigeria, Camerun, Ciad e Repubblica CentrAfricana. Oggi c'è poco clamore per un'unione economica Africana poiché nessun altro capo di stato Africano si è fatto avanti per guidare lo sforzo dopo la morte di Gheddafi, lasciando oggi il continente come l'ultima frontiera in una nuova lotta tra le potenze industriali del mondo, per garantire l'offerta di risorse che diminuiscono rapidamente ogni giorno.

Indice di Democrazia: Africa e il Mondo

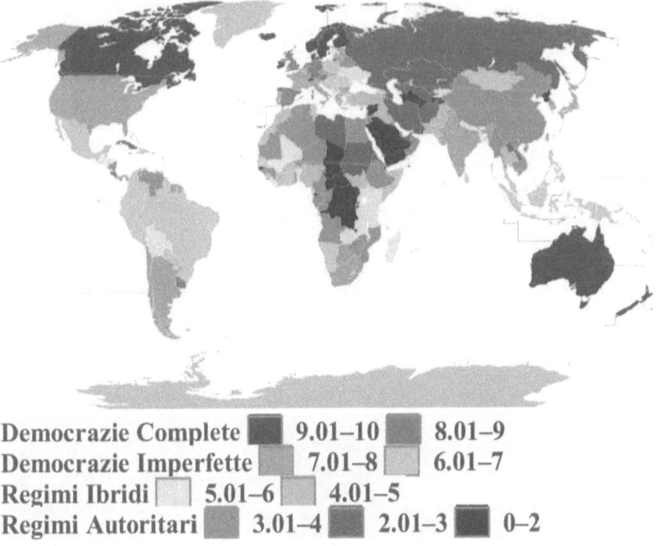

Mappa Politica dei Paesi Africani

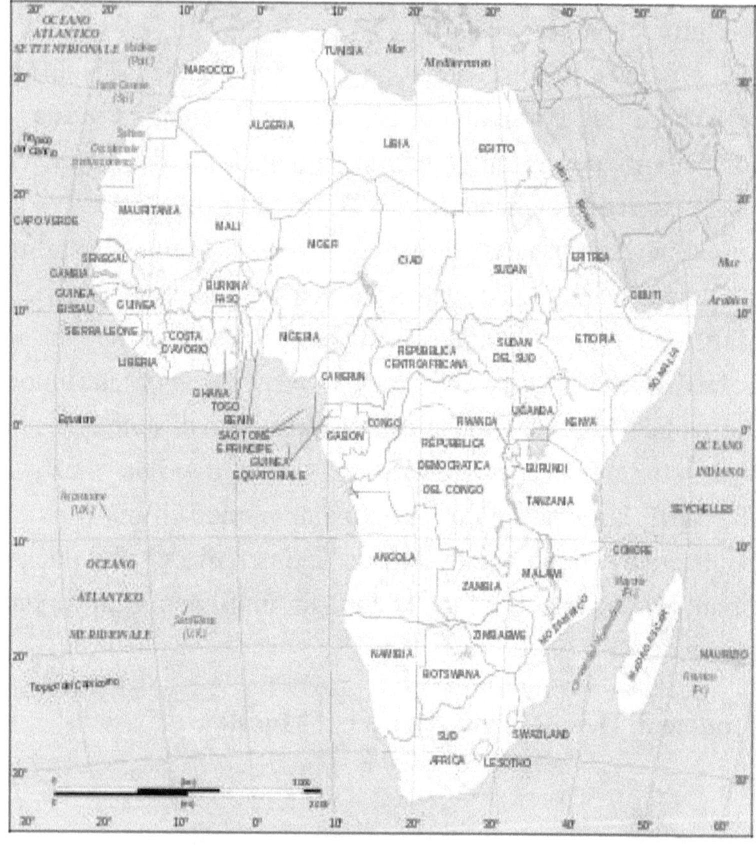

Capitolo Cinque

Anwar al-Sadat

Citazioni di Anwar al-Sadat

"La pace è molto più preziosa di un pezzo di terra ... non dovrebbero esserci più guerre."

"Chi non può cambiare il tessuto stesso del suo pensiero non sarà mai in grado di cambiare la realtà."

"Può esserci speranza solo per una società che agisce come una grande famiglia, non come tante separate."

"Molte persone cercano ciò che non possiedono e sono schiavizzate dalle stesse cose che vogliono acquisire."

"La paura è, credo, uno strumento molto efficace per distruggere l'anima di un individuo, e l'anima di un popolo."

"La grande sofferenza ha un rivestimento d'argento di cui possiamo essere grati, perché costruisce un essere umano e lo mette alla portata della conoscenza di sé."

"Questo [fondamentalismo] non è religione. È oscenità. Queste sono bugie, l'uso criminale del potere religioso per fuorviare le persone."

"Non c'è felicità per le persone a spese di altre persone."

"Credo che per la pace un uomo possa, anche dovrebbe, fare tutto ciò che è in suo potere. Niente in questo mondo potrebbe essere più alto della pace. "

"Se non hai la capacità di cambiare te stesso e le tue attitudini, allora nulla intorno a te può essere cambiato."

"I russi possono darti le armi, ma solo gli Stati Uniti possono darti una soluzione."

"Non mi interessa il successo socialmente riconoscibile. Apprezzo solo quel successo che sento dentro di me, che mi soddisfa e che fondamentalmente deriva dalla conoscenza di sé. "

"Amare significa dare e dare significa costruire, mentre odiare è distruggere."

"Sono stato educato a credere che il modo in cui mi vedevo fosse più importante di come gli altri mi vedessero."

"Che non ci siano più guerre o spargimenti di sangue tra arabi e Israeliani. Che non ci siano più sofferenza o negazione dei diritti. Che non ci siano più disperazione o perdita di fiducia."

"Il vero successo è successo con sé stessi. Non è nell'avere le cose, ma nell'avere padronanza, avere la vittoria su sé stessi."

"La fede significa che un uomo dovrebbe considerare qualsiasi disastro semplicemente come un colpo determinato dal destino che deve essere sopportato."

"Sono stato educato a credere che il modo in cui mi vedevo fosse più importante di come gli altri mi vedessero."

"Solo quando ha smesso di aver bisogno delle cose un uomo può davvero essere il suo padrone e quindi esistere davvero."

"La terra è immortale, perché ospita i misteri della creazione."

"Lascia che ogni ragazza, ogni donna, ogni madre qui [in Israele] — e lì nel mio paese [Egitto] — sappi che risolveremo tutti i nostri problemi attraverso negoziati attorno al tavolo piuttosto che iniziare una guerra."

Egitto su una Mappa del Mondo

Mappa di Partizione dell'Africa: 1884-1914

Africa 1914

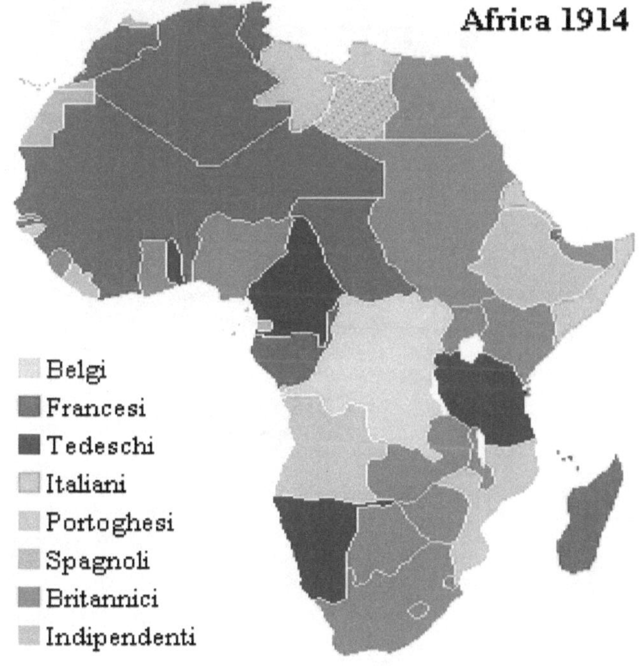

Mappa Politica dei Paesi Africani, 2000

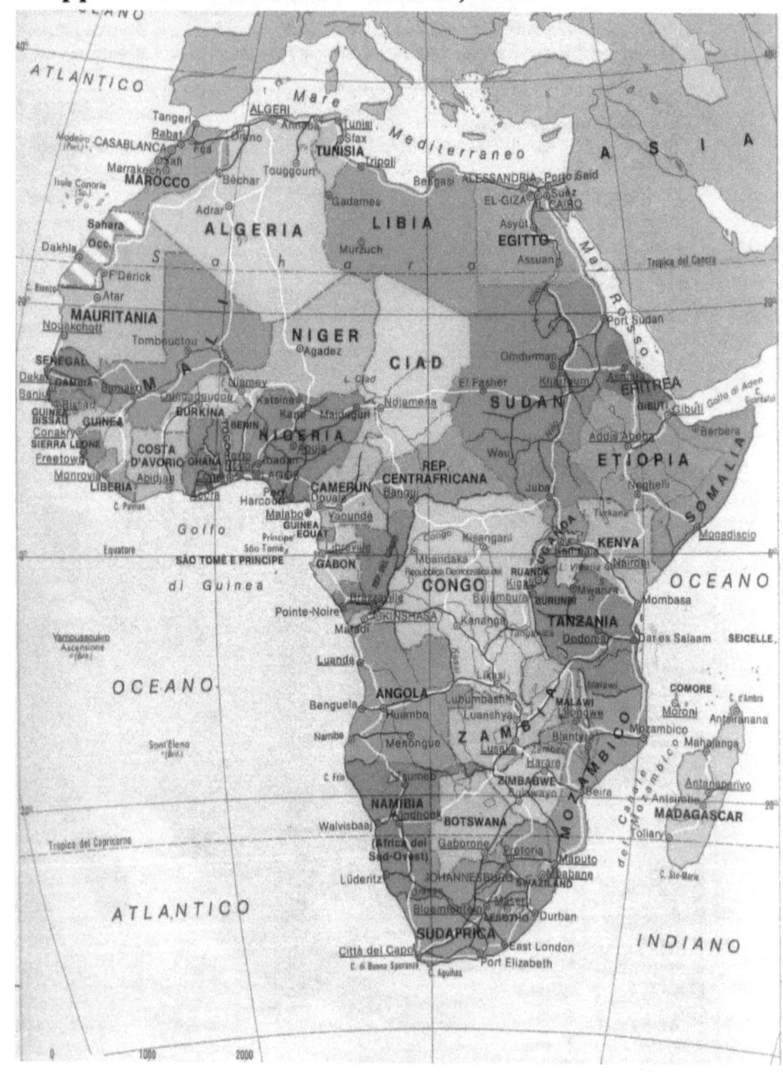

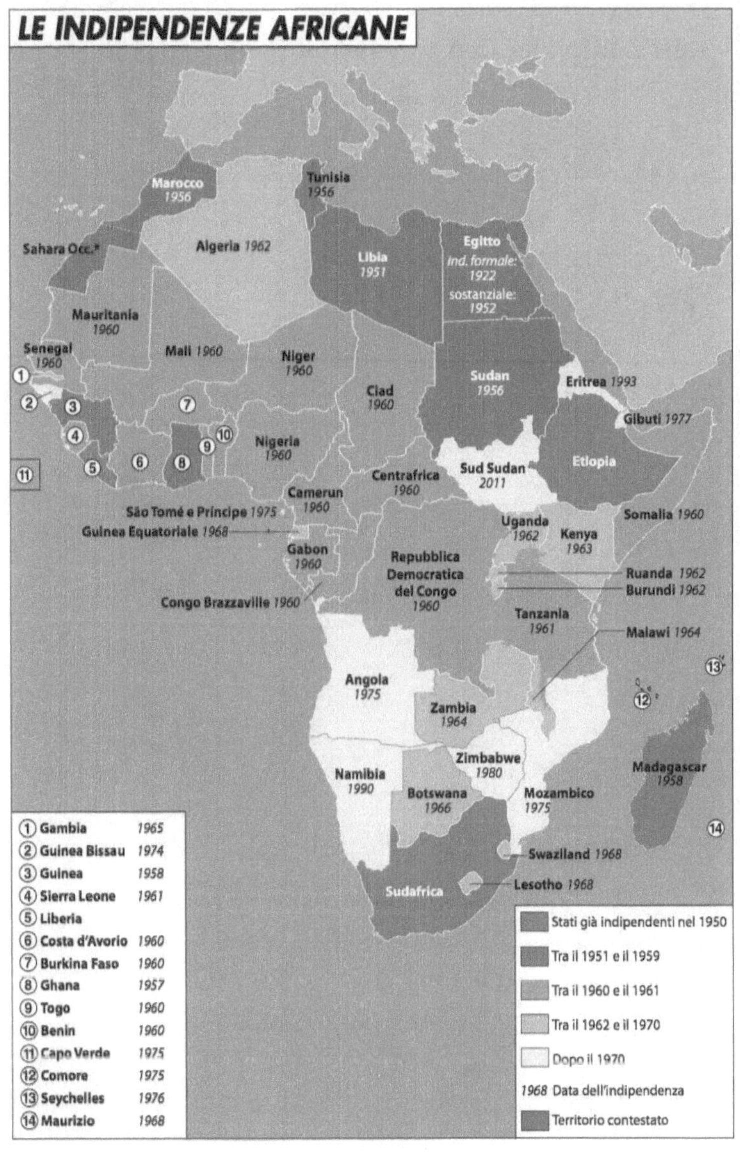

LE INDIPENDENZE AFRICANE
Marocco 1956
Tunisia 1956
Sahara Occ.*
Algeria 1962
Libia 1951
Egitto
Ind. formale: 1922
sostanziale: 1952
Mauritania 1960
Senegal 1960
Mali 1960
Niger 1960
Ciad 1960
Sudan 1956
Eritrea 1993
Gibuti 1977
Nigeria 1960
Sud Sudan 2011
Etiopia
Centrafrica 1960
Camerun 1960
São Tomé e Principe 1975
Guinea Equatoriale 1968
Gabon 1960
Somalia 1960
Uganda 1962
Kenya 1963
Repubblica Democratica del Congo 1960
Ruanda 1962
Burundi 1962
Congo Brazzaville 1960
Tanzania 1961
Malawi 1964
Angola 1975
Zambia 1964
Zimbabwe 1980
Madagascar 1958
Namibia 1990
Botswana 1966
Mozambico 1975
Swaziland 1968
Sudafrica
Lesotho 1968
1 Gambia 1965
2 Guinea Bissau 1974
3 Guinea 1958
4 Sierra Leone 1961
5 Liberia
6 Costa d'Avorio 1960
7 Burkina Faso 1960
8 Ghana 1957
9 Togo 1960
10 Benin 1960
11 Capo Verde 1975
12 Comore 1975
13 Seychelles 1976
14 Maurizio 1968
Stati già indipendenti nel 1950
Tra il 1951 e il 1959
Tra il 1960 e il 1961
Tra il 1962 e il 1970
Dopo il 1970
1968 Data dell'indipendenza
Territorio contestato

Valutazioni Sulla Democrazia dei Paesi Africani

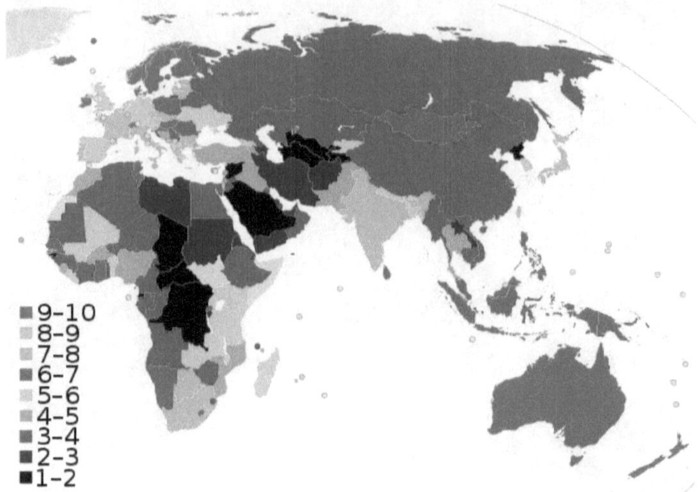

Anwar al-Sadat nacque nell'Alto Egitto il 25 Dicembre 1918, in una famiglia di 13 bambini e crebbe a 40 miglia a nord del Cairo in un momento in cui l'Egitto era un protettorato Britannico. Lo status dell'Egitto sotto il controllo dell'Impero Britannico derivava dal debito paralizzante che costrinse il governo Egiziano a vendere al governo Britannico i suoi interessi nell'ingegnere Francese Canale di Suez.

Costruito tra il 1859 e il 1869, il Canale di Suez è una via d'acqua artificiale a livello del mare in Egitto che collega il Mar Mediterraneo al Mar Rosso attraverso l'istmo di Suez. Il canale offre ai natanti un viaggio più breve tra il Nord Atlantico e l'Oceano Indiano settentrionale, riducendo così il viaggio di circa 7 000 chilometri (4, 300 miglia). In effetti, gli inglesi e i Francesi avevano utilizzato le risorse del canale per stabilire un controllo politico sufficiente sull'Egitto che era logico riferirsi all'Egitto come una colonia Britannica.

Sadat sarebbe stato fortemente influenzato da quattro figure nella sua prima vita:

- Zahran del villaggio natale di Sadat che fu impiccato dagli inglesi per una rivolta che provocò la morte di un ufficiale Britannico
- Kemal Ataturk che ha creato lo stato moderno della Turchia dalle ceneri dell'Impero Ottomano
- Mohandas (Mahatma) Gandhi che aveva predicato il potere della nonviolenza nella lotta all'ingiustizia durante un tour in Egitto nel 1932
- e infine Adolf Hitler che inizialmente era considerato da Sadat come qualcuno che poteva

aiutare a liberare l'Egitto dal controllo coloniale Britannico.

Quando gli inglesi crearono una scuola militare in Egitto nel 1936 a seguito di un accordo con il partito Egiziano Wafd, Sadat divenne uno dei suoi primi studenti. Dopo la sua laurea, il governo lo ha inviato in Sudan dove ha incontrato Gamal Abdel Nasser, con il quale, insieme a molti altri giovani ufficiali, formò i Liberi Ufficiali segreti (*Free Officer)*, un movimento dedicato alla rivoluzione che avrebbe liberato l'Egitto e il Sudan dal dominio del Britannici e la corruzione della monarchia. Questa associazione politica li condurrebbe infine alla presidenza egiziana.

Sadat sarebbe stato imprigionato due volte per le sue attività rivoluzionarie durante la Seconda Guerra Mondiale. Questo è stato proprio per i suoi sforzi per ottenere aiuto dalle potenze dell'Asse (Italia e Germania) per espellere gli inglesi. Dopo il suo rilascio dalla prigione, si ricollegò con Nasser solo per scoprire che il loro movimento era cresciuto considerevolmente durante gli anni in cui era in prigione. Il 23 Luglio 1952, la *Free Officers* Organization rovesciò il Re Farouk e pose fine alla monarchia egiziana in un colpo di stato militare che lanciò la rivoluzione egiziana del 1952. Successivamente divenne ministro delle relazioni pubbliche di Nasser e suo tenente di fiducia. Il laborioso e focalizzato Sadat avrebbe realizzato l'ordine di Nasser di sorvegliare l'abdicazione ufficiale del Re Farouk.

Fu durante gli anni al potere di Nasser che Sadat imparò il pericoloso gioco della costruzione della nazione in un mondo di rivalità tra superpotenze. Hanno portato l'Egitto a diventare uno stato "non allineato", rendendo così il paese nordAfricano una delle nazioni leader che le società sottosviluppate e post-coloniali hanno rispettato. Nasser e Sadat sopravvissero alla guerra del 1956 dopo che Nasser nazionalizzò il canale di Suez, spingendo gli inglesi, i Francesi e gli Israeliani a lanciare un attacco contro l'Egitto nel tentativo di lottare contro il controllo del canale da mani egiziane. La guerra del 1956 sarebbe finita solo dopo che gli Stati Uniti d'America avevano costretto la Gran Bretagna, la Francia e Israele a ritirare le loro forze dall'Egitto. Il conflitto pagò dividendi e i due compagni lo sfruttarono al punto che l'Egitto emerse da quella guerra come campione dei paesi non allineati, per resistere alle grandi potenze.

La spartizione dell'Africa

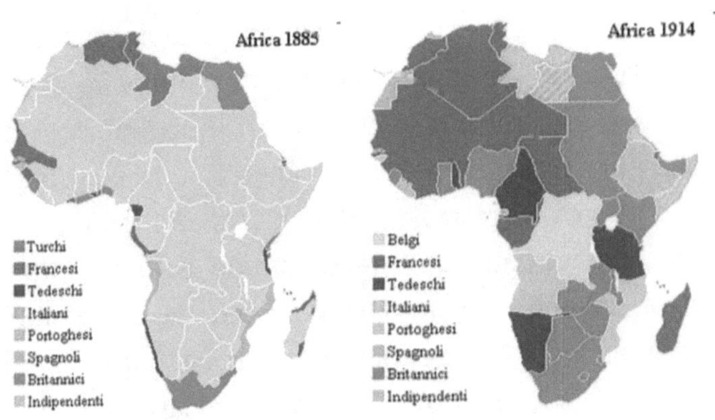

****

L'importanza di Nasser sarebbe diminuita dalla debacle della Guerra dei Sei Giorni del 1967, quando l'esercito Israeliano distrusse completamente le forze aeree egiziane e rese inabile l'esercito Egiziano uccidendo almeno 3 000 soldati e occupando la penisola del Sinai fino al Canale di Suez. L'esito della guerra mise a dura prova l'economia egiziana e fece quasi fallire il governo. Ciò che è stato ancora più scoraggiante per Nasser è stata la crescente disunione tra le nazioni arabe che litigavano e i crescenti movimenti Palestinesi. La sua morte, avvenuta il 29 Settembre 1970, a causa di un infarto, derivò dalla sua salute in declino causata dalla sconfitta dell'Egitto nella guerra Arabo-Israeliana del 1967.

Chiamato "barboncino nero di Nasser" da alcuni egiziani di alto rango, Sadat era sottovalutato quando successe a Nasser. Tuttavia, nei successivi 11 anni si dimostrò un abile leader del suo popolo. Quando offrì apertamente agli Israeliani un trattato di pace in cambio della penisola del Sinai catturata da Israele nella guerra del 1967, molti, specialmente nel mondo Arabo, furono colti di sorpresa. Tuttavia, avrebbe superato la crisi interna e gli intrighi internazionali che affliggevano la sua presidenza. Avrebbe costretto l'Unione Sovietica a prenderlo sul serio espellendoli dopo che non erano riusciti a ricostituire le forniture militari esaurite dell'Egitto, e poi avrebbe riparato di nuovo le relazioni con loro.

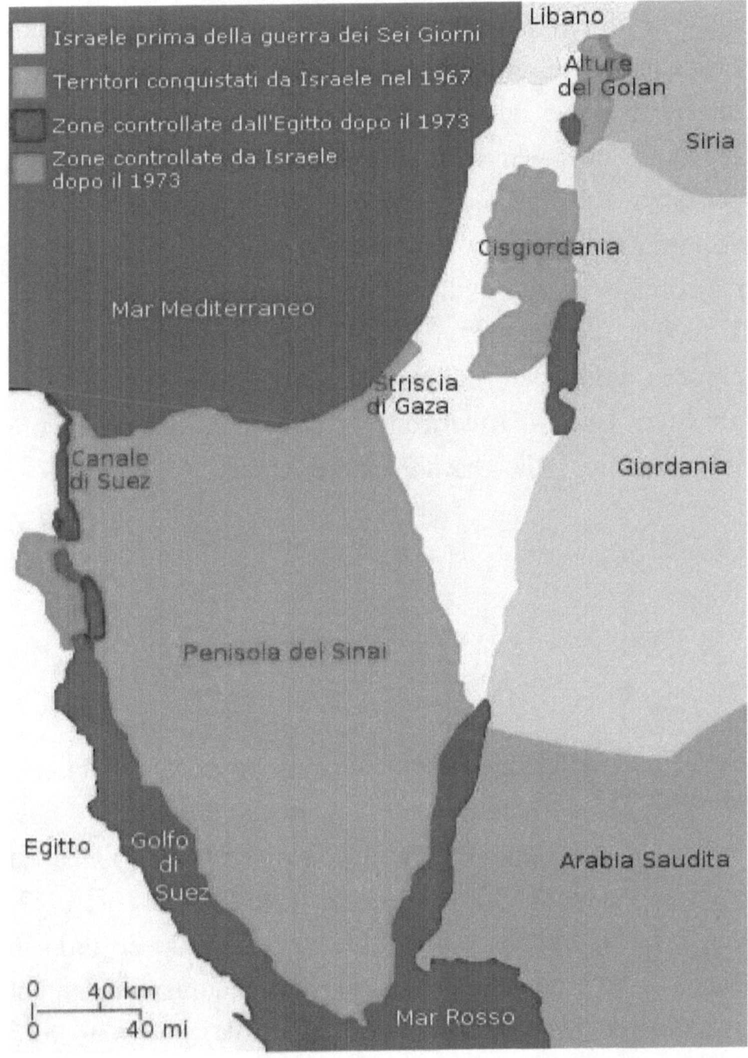

Quando il 6 Ottobre 1973 Sadat attaccò Israele nel tentativo di riconquistare la penisola del Sinai dopo che lo stato ebraico continuò a rifiutare l'iniziativa di pace egiziana, fu la sua più grande scommessa militare e politica. Ha quasi dato i suoi frutti poiché l'eccellente precisione militare ha permesso all'esercito Egiziano di attraversare il Canale di Suez nel Sinai dove hanno iniziato a spingere l'esercito Israeliano nel deserto. Anche se i successi durante la guerra furono di breve durata e molti dei guadagni dell'esercito Egiziano furono invertiti, l'attacco creò un nuovo slancio per la pace in Egitto e in Israele, poiché entrambi gli stati uscirono dalla guerra stanchi della guerra, con economie malconci e un senso di quanto fossero vicini al disastro. Tuttavia, la guerra ha sollevato l'attenzione e le preoccupazioni della comunità internazionale, in particolare gli Stati Uniti d'America che temevano una maggiore instabilità in Medio Oriente e Nord Africa.

****

Sadat uscì dalla guerra convinto che la pace con Israele avrebbe raccolto un enorme "dividendo di pace", e così iniziò la sua più importante scommessa diplomatica affermando in un discorso al parlamento Egiziano nel 1977, che sarebbe andato ovunque per negoziare un accordo di pace con gli Israeliani, persino al parlamento Israeliano. Gli Israeliani lo hanno seguito alle sue parole con un invito a fare proprio questo — rivolgersi al parlamento Israeliano noto come Knesset, qualcosa che ha fatto, dando così inizio a un nuovo slancio per la pace che alla fine culminerebbe nell'accordo di Camp David del 1978 e l'Egitto e Israele hanno firmato un trattato di pace definitivo nel 1979. Lui e il Primo Ministro Israeliano Menachem Begin avrebbero vinto il premio Nobel per la pace quell'anno per i loro sforzi nel realizzare la pace tra i loro due stati.

Anche se il trattato di pace con Israele ha permesso all'Egitto di recuperare il Sinai e anche se il paese riceve assistenza dall'Occidente sotto forma di aiuti esteri, in particolare dagli Stati Uniti d'America, assistenza che ha aiutato l'economia egiziana riprendersi e persino prosperare, ha lasciato l'Egitto evitato dal resto del mondo Arabo. L'intimità di Sadat con l'Occidente e il trattato di pace con Israele hanno anche suscitato una grande opposizione domestica, in particolare tra i gruppi musulmani fondamentalisti del paese. Anche se ha migliorato la vita quotidiana del comune Egiziano, anche se ha fatto della Sharia la base di tutte le nuove leggi egiziane, e anche se ha cercato di ristabilire la calma nella nazione promulgando leggi che bandiscono la protesta, il fondamentalista Musulmano non sarebbe soddisfatto.

Fu quell'insoddisfazione che portò all'assassinio di Sadat il 6 Ottobre 1981, durante una parata militare che celebrava la riuscita traversata di Suez da parte dell'esercito Egiziano durante la guerra del 1973 contro Israele. Il suo vicepresidente, Hosni Mubarak, gli succederà.

Tre Stati Uniti I presidenti — Gerald Ford, Jimmy Carter e Richard Nixon avrebbero partecipato al funerale di Sadat. L'unico capo di stato Arabo a rendere il suo ultimo onore al leader Egiziano assassinato fu Gaafar Nimeiry del Sudan, una mossa che gli sarebbe costata cara in quanto sarebbe stato rovesciato dagli islamisti il 6 Aprile 1985.

Anche se il coraggioso passo di Sadat nel fare la pace con Israele gli è costato la vita e ha portato all'espulsione dell'Egitto dalla Lega Araba, ha aperto le porte a futuri negoziati tra Israele e il resto del mondo Arabo, rendendo possibile l'accordo di Oslo tra Israele e l'Organizzazione per la liberazione della Palestina (OLP), firmata nel 1993. La firma del trattato di pace tra Israele e Giordania nel 1994, che ha reso la Giordania il secondo paese Arabo per concludere la pace con Israele, deve molto alla pace pioneristica che Sadat ha portato all'Egitto a firmare con Israele. Oggi Israele ha sviluppato legami non diplomatici con diversi altri paesi arabi ed è riconosciuto da diversi paesi musulmani.

Sadat è onorato in Malesia, dove è un grande comandante onorario dell'ordine del difensore del regno.

****

Oggi, quasi quattro decenni dopo la morte di Anwar Sadat, se chiedi agli egiziani che lo hanno conosciuto, hanno sperimentato la sua regola o imparato la sua storia di vita, qual è la loro opinione sulla sua vita e morte, è probabile che tu abbia reazioni contrastanti come risposte ad alcuni dei punti di vista su un uomo affascinante che ha guidato un paese complesso durante un periodo complicato nella storia della regione più problematica del mondo. Tuttavia, le emozioni che vedrai di più sui loro volti sarebbero quelle che riflettono rispetto, gratitudine e dolore.

La maggior parte degli egiziani laici abbraccia la sua eredità, ritenendo che fosse un leader audace, un visionario, un realista, un pragmatico, una persona umana e un vero patriota libero dall'idealismo.

La maggior parte degli egiziani laici abbraccia la sua eredità, ritenendo che fosse un leader audace, un visionario, un realista, un pragmatico, una persona umana e un vero patriota libero dall'idealismo.

Tuttavia, la maggior parte di coloro che si sono opposti a Sadat e pensano che il leader Egiziano assassinato abbia lasciato un'eredità negativa, sono dell'opinione che abbia tradito la causa araba facendo una pace separata con Israele, poiché a loro avviso, l'accordo di pace Egiziano-Israeliano è un cambiamento nella configurazione geopolitica nella regione che promette solo più violenza in futuro. Questi oppositori pensano anche che la prosperità che ha promesso avrebbe seguito la firma del trattato di pace Egiziano-Israeliano a Camp David negli Stati Uniti era stato sopravvalutato. È un dato di fatto, ci sono altri egiziani che arrivano fino ad attaccare i fondamenti del suo personaggio, sostenendo che era spesso ingannevole, vanitoso e indolente, e che ogni tanto suonava persino il buffone, specialmente ai suoi superiori.

Mentre la maggior parte degli esperti concorda sul fatto che il predecessore di Sadat Gamal Abdul Nasser messo insieme i mattoni per la fondazione del moderno stato Egiziano, un'altra opinione popolare è che Sadat completato le fondamenta dell'Egitto moderno e ha modellato lo sviluppo interno ed esterno del paese —

socioeconomico e politico in un modo molto fondamentale, mettendo l'Egitto su una traiettoria da cui quasi nessun altro leader o movimento politico Egiziano può allontanalo da. E lo fece in un momento in cui la maggior parte dei regimi arabi era caduta in "degenerazione morale e politica", liberando così l'Egitto dalle loro politiche fallimentari.

I critici di Sadat, in particolare i più duri come gli islamisti (in particolare i Fratelli Musulmani) affermano che era repressivo e lo ritengono responsabile per aver reso difficile alla democrazia raccogliere radici e crescere in Egitto. Alcuni di loro lo considerano persino un amministratore incompetente che ha preso in giro la legge reprimendo i suoi avversari reali o immaginari e chi ha favorito la corruzione tra quelli nei suoi cerchi interni ed esterni.

Indipendentemente dalla posizione assunta da un critico di Anwar Sadat, una cosa che non può essere contestata è il fatto che ha ereditato un Egitto da Gamal Abdul Nasser che è stato parzialmente occupato da Israele, sconfitto, fallito, fortemente dipendente dall'Unione Sovietica; e l'ha lasciato come un paese più vibrante e sicuro.

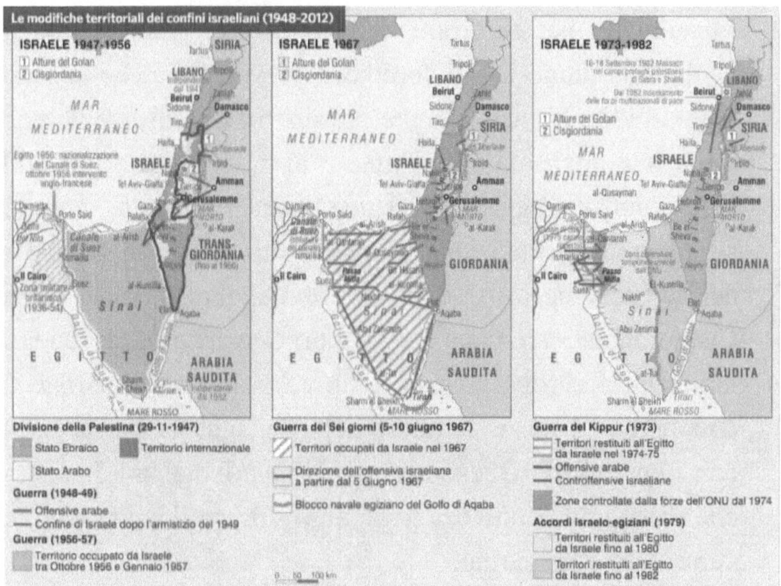

Alcuni esperti sostengono che Anwar Sadat era un visionario che capiva che la pace con Israele era inevitabile, che il resto del mondo Arabo e il resto del mondo Musulmano sarebbero arrivati un giorno e avrebbero fatto pace con Israele, e che più veloce è stato, meglio è. All'epoca non riuscì a convincere i suoi omologhi arabi e musulmani ad unirsi a lui nelle sue aperture di pace e così andò da solo e concluse un trattato di pace con Israele che portava egregiamente dividendi in Egitto, ma che gli valse il risentimento dei mondi Arabo e Musulmano.

Oggi, Anwar Sadat è rivendicato. Israele è diventato più forte militarmente, economicamente e socialmente. La sua popolazione è quasi quadruplicata ed è più radicata nella Cisgiordania occupata e nelle alture del Golan rispetto a prima. Al contrario, le posizioni dei mondi Arabo e

Musulmano nei confronti della pace con Israele si sono evolute, al punto in cui l'opinione prevalente è che si sono ammorbidite tremendamente. La distruzione di Israele non è più una posizione dominante e in precedenza argomenti tabù sono ora oggetto di negoziazione. Tuttavia, come è attualmente la situazione, le realtà sul terreno in Israele e nei territori occupati delle alture del Golan, Gaza e la Cisgiordania cambiano ogni giorno a favore di quegli Israeliani che sono contrari a un accordo che coinvolge il commercio di terre catturate nel 1967 guerra per la pace con i loro vicini. Questi sono per lo più Israeliani di destra che erano una minoranza negli anni '70, ma il cui numero è aumentato ogni giorno.

La Misura della Libertà dei Paesi del Mondo

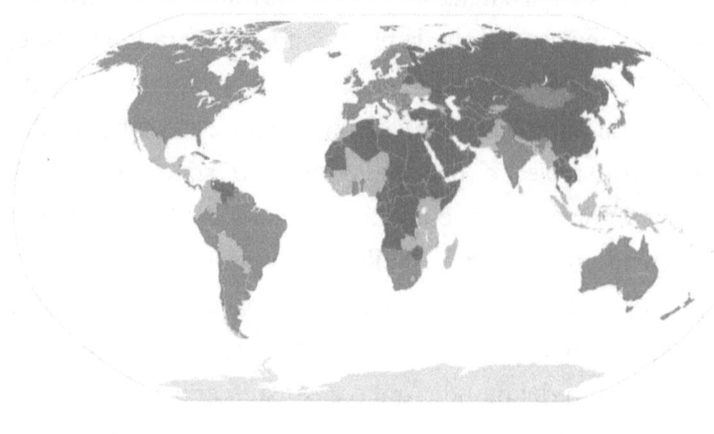

Mappa Politica dei Paesi Africani

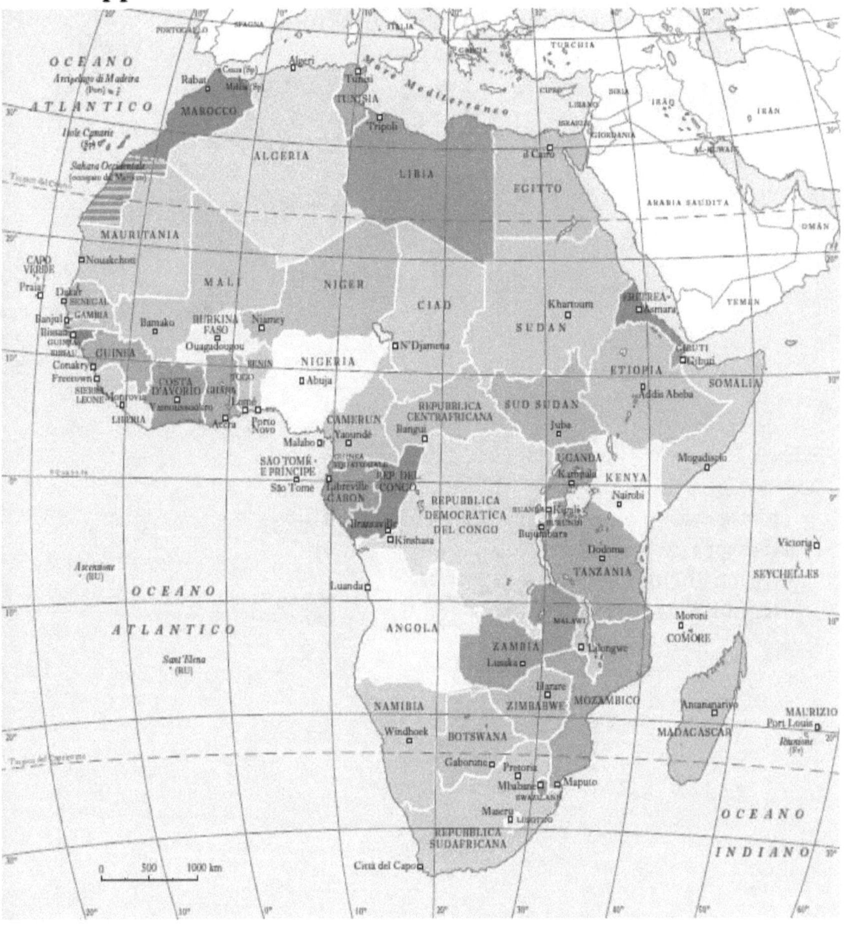

Indice di Democrazia: Africa e il Mondo

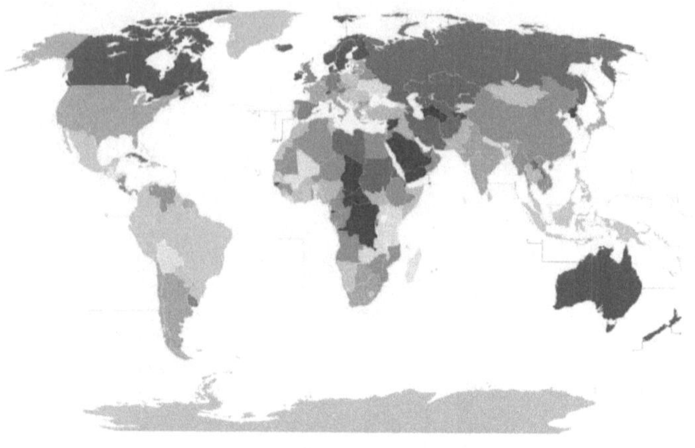